U0454121

李光耀论中国与世界

李光耀◎口述

格雷厄姆·艾利森（Graham Allison）
［美］罗伯特·D. 布莱克威尔（Robert D. Blackwill）◎编
阿里·温尼（Ali Wyne）

蒋宗强◎译

LEE KUAN YEW

The Grand Master's Insights on
China, the United States, and the World

中信出版集团 | 北京

图书在版编目（CIP）数据

李光耀：论中国与世界 /（新）李光耀著；蒋宗强译 . -- 北京：中信出版社，2013.10（2025. 3 重印）

书名原文：Lee kuan yew: the grand master's insights on China, the United States, and the world

ISBN 978-7-5086-4014-3

Ⅰ . ①李… Ⅱ . ①李… ②蒋… Ⅲ . ①中外关系－研究 Ⅳ . ① D822

中国版本图书馆 CIP 数据核字（2013）第 205788 号

李光耀论中国与世界
编者：　[美] 格雷厄姆 · 艾利森　罗伯特 · D · 布莱克威尔　阿里 · 温尼
译者：　蒋宗强
出版发行：中信出版集团股份有限公司
（北京市朝阳区东三环北路 27 号嘉铭中心　邮编　100020）
承印者：　北京通州皇家印刷厂

开本：880mm×1230mm　1/32　　印张：7.75　　字数：94 千字
版次：2013 年 10 月第 1 版　　印次：2025 年 3 月第 39 次印刷
书号：ISBN 978–7–5086–4014–3
定价：69.00 元

谁是李光耀——

战略家中的战略家

领导人中的领导人

导师中的导师

重要人物如何评价

中国领导人

习近平

中国国家主席

李光耀是我们尊敬的长者，迄今，他依然不懈地推进中国与新加坡的双边关系，我对他满怀敬重之情。我们永远不会忘记他对我们的双边关系做出的重要贡献。

(2011 年 5 月 23 日)

各国总统

巴拉克·奥巴马

美国总统

李光耀是 20 世纪、21 世纪亚洲的传奇人物，他是一位推动亚洲创造经济奇迹的人物。

(2009 年 10 月 29 日)

比尔・克林顿

美国第42任总统

李光耀的公共服务生涯极不寻常，引人瞩目……他在担任总理以及内阁资政期间的工作帮助新加坡及东南亚其他地区的数百万人过上了更好的、更富裕的生活。我希望东南亚国家联盟领导人在李光耀的辉煌业绩上更上一层楼……我感谢你们（美国与东南亚国家联盟商务理事会）将殊荣授予了一个令我万分钦佩的人。

（2009年10月27日）

乔治・赫伯特・沃克・布什

美国第41任总统

我在漫长的公共服务生涯中遇见了许多睿智的、能干的人，但没有一个像李光耀这么令人印象深刻。

（2011年，李光耀所著《我毕生的挑战：新加坡的双语之路》上的评论。）

雅克・希拉克

法国总统（1995—2007年）

李光耀延揽了一批优秀人才，把最严格的标准转变成了一套管理制度。在其领导下，公共利益至上，崇尚教育、工作与储蓄，以及预测狮城[①]需求的能力都使得新加坡走上了我所说的〞进步的捷径〞。

（2000年，李光耀所著《从第三世界到第一世界：新加坡的故事（1965~2000）》上的评论。）

---

① 狮城指新加坡。——译者注

德克勒克

南非总统（1989~1994 年）

让我印象最深的领导人也许就是新加坡的李光耀……他改变了历史的进程……李光耀为他的国家做出了正确的决策，他选择了正确的价值观和正确的经济政策以确保一个成功社会的发展。在这一点上，他就像一位在社会这块最大的画布上作画的艺术家。他还对世界有着敏锐的判断力，我在 20 世纪 90 年代早期见到他时，他对我们南非的形势做了非常深刻、务实的评价。

（2012 年 3 月 30 日）

其他国家领导人

托尼·布莱尔

英国首相（1997~2007 年）

我认为，李光耀是我遇到的最睿智的领导人。

（2010 年，布莱尔所著《旅程：我的政治生涯》。）

约翰·梅杰

英国首相（1990~1997 年）

李光耀堪称现代新加坡之父，他当之无愧。他制定的政策被亚洲各地效仿，他极大地改变了人们对新加坡的印象和看法。这项功绩永远不会褪色。

（2010 年，汤姆·普雷特的《与李光耀对话：公民新加坡——如何建设一个国家》上的评论。）

玛格丽特·撒切尔

英国首相（1979~1990 年）

担任首相期间，我阅读并分析了李光耀的每一篇讲话稿。他可以透过宣传的迷雾，无比准确地阐述我们时代的问题及解决之道。他从未出过错。

（2000 年，李光耀所著《从第三世界到第一世界：新加坡的故事（1965~2000）》上的评论。）

赫尔穆特·施密特

德国总理（1974~1982 年）

自从遇见我的朋友李光耀以后，他那超凡的智慧和直率的评论给我留下了深刻的印象。在作为政治领导人和政治家的生涯中，他取得了杰出的成就。他有能力建立一个适合新加坡民族多样性的政治框架，现代新加坡的经济社会进步深深地根植于他的这种能力。这本书是其洞察力与能力的又一见证。

（2011 年，李光耀所著《我毕生的挑战：新加坡的双语之路》上的评论。）

全球性企业和经济机构的领导人

鲁伯特·默多克

新闻集团董事长兼首席执行官

40 余年前，李光耀把一个贫穷、落后的殖民地变成了一个熠熠生辉的、富裕的现代化大都市，尽管这个国家一直被充满敌意的国家包围着。他凭借超凡的智慧成为世界上非常坦率、极受尊敬的政治家之一。这本书对于任何想要研究现代亚洲的人而言都是应读之作。

（2000 年，李光耀所著《从第三世界到第一世界：新加坡的故事（1965~2000）》上的评论。）

约翰·钱伯斯

思科系统公司董事会主席兼首席执行官

生命中有两个砝码：互联网与教育。李光耀作为一位世界级领导人，他明白这一点，他利用互联网的力量帮助新加坡在互联网经济中生存下来并取得成功。

(2000年，李光耀所著《从第三世界到第一世界：新加坡的故事（1965~2000)》上的评论。)

彭明盛

国际商业机器公司董事长

在李光耀公共政策学院学习真是太好了，这对我具有特殊的意义，因为李光耀是我非常钦佩并给予我诸多教诲的绅士。他给予我很多关于亚洲、中国和印度的教导，他有着非凡的洞见。

(2011年2月1日)

雷克斯·蒂勒森

埃克森美孚石油公司董事长、总裁兼首席执行官

多年来，李光耀一直诲人不倦地指导着政府及企业的领导人，当然包括我。福特剧院林肯勋章通常颁发给具有林肯总统那种品格与气质的人。除了李光耀，现代人中很少有人能获此殊荣……林肯总统曾经说，杰出的天才不屑走旁人走过的路。对于新加坡人民而言，李光耀就是这样一个杰出的领导人，他对这个国家有着非常大胆的设想。他没有领导新加坡走上保护主义的狭隘道路，而是踏上了全球参与和经济竞争的康庄大道。

(2011年10月18日)

罗伯特·佐利克

世界银行行长（2007~2012 年）

多年前，我了解到李光耀公共政策学院时，也想获得一所以自己名字命名的学院。对于一个为世界留下巨大印记的人而言，这是对其功劳最好的证明。

（2008 年 12 月 18 日）

詹姆斯·沃尔芬森

世界银行行长（1995~2005 年）

我曾经给内阁资政先生当过顾问。这是一件非常艰难的事，因为每当我前往新加坡要给他提建议时，他便打断我，把我打算告诉他的事情讲出来，然后我就返回美国兜售他的建议。内阁资政先生，非常感谢你教了我那么多。我曾试图给你提建议，实际上却是你在教我。

（2007 年 7 月 10 日）

穆泰康

可口可乐公司董事长兼首席执行官

历史将证明，很少有领导人能像李光耀阁下那样对国家、对东南亚做出如此巨大的贡献。作为一位推动东南亚国家联盟发展与演变的重要人物，李先生还帮助了数以百万计的东南亚人民，使其能够生活在和平与经济持续增长的环境中。

（2009 年 10 月 27 日）

戴维·罗斯科夫

加藤罗斯科夫国际顾问公司总裁兼首席执行官

这个小岛（新加坡）直到1965年才真正成为一个独立的国家，但它是世界上治理最好的国家。和其他很多到访过新加坡的人一样，我也感到很惊讶，怀疑是不是古希腊人和李光耀在发展城邦时有什么共同的发现……在领导新加坡的半个世纪中，李光耀逐渐成长为世界上最卓有成效、偶尔具有争议性的领导人。

(2012年，罗斯科夫所著*Power, Inc.*)

知名政治人物

希拉里·克林顿

美国国务卿（2009~2013年）

今天，我很高兴在此欢迎内阁资政先生来到白宫……长期以来，在很多重要问题上，新加坡一直是美国重要的合作伙伴。李先生，我想我们可以说你有很多崇拜者。在这里，你获得的是一个重要的奖项——美国与东南亚国家联盟商务理事会终身成就奖，这是为了纪念你的终身成就，我同很多美国人一道感谢你的帮助。

(2009年10月26日)

乔治·舒尔茨

美国国务卿（1982~1989年）

您的行为、言论和矢志不渝的意志教会了我们所有人很多。我谢谢您。

(2009年10月27日)

马德琳·奥尔布赖特

美国国务卿（1997~2001 年）

在我长期以来遇到的人中，李先生是最具现代思维和战略眼光的一位。

（1997 年 7 月 30 日）

兹比格涅夫·布热津斯基

美国国家安全事务助理（1977~1981 年）

他是世界上具有超凡智慧和警觉性的领导人之一……他能够就几乎任何一个国际问题进行深入、详细的阐述，他是亚洲舞台上一位目光敏锐的观察者，他坦率地把亚洲人对美国在亚太地区角色转变的看法传达给我们。

（1977 年 9 月 16 日）

拉里·萨默斯

美国国家经济顾问委员会主任（2009~2010 年）、美国财政部部长（1999~2001 年）

在李光耀面前谈论有关治理的话题，简直是班门弄斧。

（2006 年 9 月 15 日）

罗伯特·鲁宾

美国财政部部长（1995~1999 年）

李光耀深谙地缘政治及文化事务……我认识他大概是在亚洲金融危机期间，当时他展现了自己对地缘政治的深刻理解和对地区问题的深入把握。

（2003 年，罗伯特·鲁宾和雅各布·威斯伯格所著《在不确定的世界：从华尔街到华盛顿的艰难抉择》。）

约瑟夫·奈

美国国家情报委员会主席（1993~1994 年）

今天，新加坡是一个富裕、繁荣的国家。如果世界其他国家能取得新加坡那样的成就，世界就会更美好、更繁荣……李光耀永远都在思考，高瞻远瞩。各国德高望重的政治家都竞相征求他的意见。

（2000 年 10 月 17 日）

评论员

尼古拉斯·克里斯托弗（中文名“纪思道”）

《纽约时报》专栏作家

其他许多领导人也都重塑了国家，比如土耳其的凯末尔·阿塔图尔克、俄罗斯的列宁以及中国的邓小平，但论及给各自民族留下的印记，首先提到的肯定是李光耀……他无法容忍异见，实行威权主义，人们可以不同意他，但他依然坚定不移地走自己的路。他的著作《从第三世界到第一世界》是内容丰富的回忆录，是一位伟大领导人给我们留下的财富，在很多方面，这本书就像李光耀本人一样，睿智，思维缜密，坦率，引人深思。

（2000 年 11 月 5 日）

戴维·伊格内修斯

《华盛顿邮报》专栏作家

在长达 25 年的记者生涯中，他也许是我采访过的最聪明的政治家。

（2002 年 9 月 28 日）

法里德·扎卡利亚

美国《时代》周刊资深编辑、《后美国世界》作者

李光耀治理的只是东南亚的弹丸之地，历经艰难的斗争和痛苦，新加坡直到1965年才获得独立，没有什么资源，人口由华人、马来人以及印度人等构成，语言错综复杂，但他却把这样一个国家治理成了世界经济中心……为了做到这一点，他不仅采取了聪明的经济政策，还有机敏的外交政策……他仍然是新加坡毫无争议的国父。他在85岁高龄时仍然对当今世界（包括中国、俄罗斯和美国）有着独到深刻的理解，令我惊讶不已。

(2008年9月21日)

目　录
Lee Kuan Yew

增补版序

Lee Kuan Yew

李光耀是全球洞察力最为深刻的中国观察家之一。没有任何其他外国人像他那样曾付出大量时间与中国领导人面对面交流过。新加坡是一个“城市国家”，与中国保持睦邻友好对其具有极其重大的意义，因此也没有人比这位“国父”更“需要了解”中国。正如我的导师亨利·基辛格在本书序言中所述，在尝试理解现代中国的飞速崛起方面，没有人具备李光耀那般的“战略洞察力”。

当美国、中国和其他国家的政府领导人问我，如何才能充分理解中国正在发生的事情与中美两国的关系时，我的回答是，听听李光耀的见解。他有一种珍贵的能力，那就是用最精练的语言表达最丰富的见解。本书汇集了他对一些关键问题的精辟回答。他的见解极富价值，其中6点尤其需要重点关注。

第一，中国“注定要成为世界上有史以来最大的参与者”。正如他所说的那样，“美国无法阻止中国的崛起。它只能与一个更强大的中国共存。这对美国来说是从未有过的事情，因为从来没有哪一个国家能够强大到足以挑战它的地位”。

第二，中国的飞速崛起是否会彻底改变当前的政治秩序？无论中国政府如何表述其意图，答案都是“当然”。用李光耀的话来说：“中国对世界平衡态势的冲击是如此强烈，以至于世界在三四十年后不得不寻求一种新的平衡。不可能仅仅把中国视为另一个大国，它是世界历史上最大的国家。”

第三，在可预见的未来，中国是否真的想成为亚洲的头号强国？我至今还记得当我向李光耀提出这个问题时他的反应。他把眼睛睁得大大的，好像在说：“你怎么这么天真？”然后他直言不讳道：“当然。为什么不呢？中国怎么能不渴望成为亚洲第一，继而成为世界第一呢？”

第四，这是否意味着美国和中国之间的战争是不可避免的？李光耀回答道：“并非如此。”他预见，21 世纪将见证“西太平洋主导权之争”，同时呼吁美国和中国领导人找到“在 21 世纪共享太平洋”的方法。

第五，在李光耀所熟识的世界领导人中，他如何评价习近平？

我是在 2012 年向他提出这个问题的，当时习近平刚刚当选中共中央总书记。他停下来思考了一下，然后将习近平归类于南非伟大的领袖纳尔逊·曼德拉这一级的人物，这着实出乎我的意料。他指出，他们有强大的情感自制力，不会让个人的不幸和苦难影响其判断。对于习近平，他评价道："他有钢铁般的意志。"

第六，为了避免可能给全人类带来灾难的战争，他敦促各国领导人发挥战略想象力。他赞扬亨利·基辛格和中国前总理周恩来 50 多年前在促成中美建交时所展现的政治智慧，并认为这是一个可资借鉴的具体案例。当面对台湾问题这个看似不可逾越的障碍时——毫无疑问双方在这一问题上存在不可调和的分歧，两人精心设计了一个"战略模糊"框架，将一个"无法解决"的矛盾转变成一种"需要精妙管控"的局势，缔造了教科书般的经典案例。得益于他们高超的外交手段，海峡两岸的人民乃至整个亚洲的民众，在接下来的 50 多年里享受到了历史上任何类似时期都未曾有过的福祉增长。

虽然李光耀 10 年前就离开了这个世界，但读者会发现，他在本书中展现的真知灼见将继续照亮前方的道路。

格雷厄姆·艾利森

推荐序

Lee Kuan Yew

在过去半个世纪中，我非常荣幸地见到了很多世界级领导人，其中对我启发最大的是新加坡首任总理、精神导师李光耀。自古以来，关于个人究竟是历史的创造者，还是历史的记录者，一直存在争论，但就李光耀而言，答案是毋庸置疑的，他的智慧和判断力无人能及。

新加坡是东南亚最小的国家，即便它真的获得了独立，似乎也是注定要给那些比较强大的邻国充当附庸。但李光耀却有着不同的想法，他的愿景是新加坡这个国家不仅要生存下去，还要努力赶超别国，脱颖而出。卓越的智慧、纪律性和创新性弥补了资源稀缺造成的劣势。他召集自己的同胞，开启了前所未有的事业：首先把他们的城市打扫干净，然后通过巨大的成就消除邻国的敌意，克服本国种族分歧。今天的新加坡就证明了李光耀是成功的。

李光耀刚刚掌权之际，新加坡的年人均收入是400美元，而现在已经超过50 000美元。他鼓励通晓多种语言的国人把新加坡建设成亚太地区的知识和技术中心。得益于他的领导，一个中等规模的城市已经变成了一个举足轻重的国际化经济强国，在太平洋地区的多边关系中，新加坡的重要性愈加突显。

一直以来，李光耀是美国必不可少的朋友，主要不是因为他所代表的权力，而是因为他那非凡的思维。他的分析非常好、非常有深度，以至于其他国家的领导人都认为同他会面是接受启迪的一种途径。在过去三代人的时间里，李光耀每次造访华盛顿，总有一大批人等着见他，其中包括美国政府和外交领域的高层领导。他的讨论会总是洋溢着一种很少见的坦诚氛围，他德高望重，而且经验丰富，每一位与他打过交道的美国总统都能从中受益。在国际问题上，他把自己国家的未来同民主国家的命运结合起来。此外，李光耀还能告诉我们所处的这个世界的本质，他对亚太地区的见解尤其深刻。

李光耀的分析有助于美国应对在长期内面临的最严重的挑战，即如何同亚洲（包括中国在内）建立牢固的、系统性的关系。对于这项工作的性质和范围，李光耀给我们的启示是无人可及的。然而，正如这本书所阐述的那样，李光耀的智慧并未局限于中美关系，还几乎囊括了国际关系中的每一个挑战。李光耀不仅仅是我们这个时代的卓越领导人，他还以其强大的战略洞察力被公认为一位思想家，读者读罢此书很快就会明白个中缘由。

亨利 · 基辛格

2012 年 4 月于纽约

前　言

Lee Kuan Yew

在过去半个世纪的政治家中，李光耀拥有独特的地位。他在新加坡执政50余年，把一个贫穷、落后的城邦治理成一个现代化国家，其公民的收入水平比大多数美国人还高，他被誉为“新加坡国父”，是新加坡政界最具影响力的人。李光耀不仅是一位思想家，还是占据主导位置的实干家，他知道如何实现变革。

在国际事务中，李光耀这位“新加坡的圣人”可谓是最受欢迎的人，美国、中国以及其他国家的领导人都热切地征求他的意见，经常向他请教，而且会仔细地倾听他的见解。从尼克松和基辛格在1971~1972年考虑调整对华政策到之后的每一任美国总统，包括奥巴马在内，都曾经到新加坡拜访他，都曾经欢迎他到访椭圆形办公室。从邓小平开始考虑改革开放（之后中国经济连续 30 年实现两位数的增长）到胡锦涛和习近平执政，李光耀一直都是他们在国外最重要的顾问。

除了大国之外，一些小国也在李光耀那里得到了启迪和灵感，其中就包括以色列，以色列要想生存下去，必须对国境之外的动向保持高度警觉。从哈萨克斯坦总统纳扎尔巴耶夫（他发现自己领导的是一个之前并不存在的、刚刚独立的国家），到阿拉伯联合酋长国总统谢赫·哈利法·本·扎耶德，再到卢旺达的保罗·卡加梅以及数十位其他国家的领导人，当他们面临严峻挑战之际，总能在李光耀那里找到一些具有战略意义的坐标，指引他们游刃有余地应对国际挑战。

虽然李光耀在过去 50 年间做出了引人瞩目的贡献，但本书的目的不是回顾过去，而是启迪未来，着力揭示美国在今后 25 年中可能遇到的具体挑战。我们试图设想一下在 2013 年 1 月 21 日宣誓就职的美国总统奥巴马将遇到的迫在眉睫的事情，然后汇总一下李光耀有关如何应对挑战的言论。我们相信，李光耀的答案不仅对那些制定美国外交政策的人有价值，对美国的企业界和民间团体的领导人同样具有参考意义，因为他们在利用短缺的美元和稀缺的时间进行投资之际必须首先判断世界大趋势。我们很感激安东尼·谭（Anthony Tan）和杨云英

（Yeong Yoon Ying）二人为促成我们采访李光耀提供了诸多便利。

本书共十章，第一章是关于中国崛起的。对于这个问题，毫无疑问，李光耀比其他中国以外的观察人士或分析人士了解得更多。中国会挑战美国地位成为亚洲强国吗？之后会成为世界强国吗？大多数决策者和专家回答这个重要问题时显得含混不清、模棱两可，李光耀则斩钉截铁地回答："当然。中国人复兴的民族使命感是一股强大的力量。中国有成为世界强国的实力。中国希望世界接受它本来的模样，而不是以西方社会的附庸身份被世界接受。"

之后我们又探讨了美国的未来和美中关系问题，这个问题将对 21 世纪的国际政治起到强大的塑造作用。李光耀在中美这两个国家之间看到了对峙，他说："两国将争夺影响力，它们的竞争是不可避免的。"但与悲观的现实主义者的观点相反的是，他认为如果中美两国领导人合理判断，竞争不会演变为冲突。

后面章节探讨的主题是印度、伊斯兰极端主义、地缘政治、全球化、民主。每一章伊始都先提出几个关键问题，然后简要汇总了李光耀给出的答案。这些答案都有非同寻常的参考价值，因为李光耀本能地反对所谓的"政治正确性"，也从不回避争议。作为本书的编者和设计者，我们一直着力避免做出任何评论或发表个人见解，以确保各国领导人及其身边的顾问们能从李光耀的见解中获益，而不受我们的观点的影响。

我们萃取了李光耀的核心看法和言论，以便读者快速浏览。请注意：我们认为每一页的每一个字都值得认真阅读，但请读者自行判断。我们觉得那些希望快速浏览本书的人花的时间可能比他们预期的要多，因为李光耀的一些言论会迫使他们停下来仔细思考一番，这些言论让他们感到震惊甚至不安，但往往具有启发意义。

我们花了大量时间倾听李光耀的演讲，钻研他那卷帙浩繁的著作、采访稿和讲话稿，结果比我们预想的要充实。如果我们可以让读者品味一下这场思想的盛宴，我们的愿望也就实现了。

第一章

辉煌与梦想：中国的未来

Lee Kuan Yew

中国领导人真的准备让中国取代美国，成为亚洲乃至世界的第一大国吗？中国第一意味着什么？如果成为亚洲主导力量，中国对其他国家的行为方式将如何改变？中国成为第一的战略是什么？中国实施民族复兴的主要障碍是什么？中国领导人对实现亚洲乃至更大范围主导权感受到多强的紧迫感？中国成为第一大国后将如何看待美国在亚洲角色的变化？未来几十年，中国能否保持 30 多年来的两位数增长？中国会成为西方式民主国家吗？中国真的会成为第一大国吗？应该如何评价习近平？这些问题对亚洲和世界的历史进程具有重要影响。李光耀在本章中做出的深刻回答反映了他在数十年间对中国及中国领导人的观察与分析。

中国领导人真的准备让中国取代美国，成为亚洲乃至世界的第一大国吗?

当然，为什么不呢？中国通过经济奇迹把一个贫穷的国家转变成了当前世界第二大经济体，而且正如高盛集团曾经预言的那样，在当前这个发展轨道上，中国将在20年后成为世界第一大经济体。紧随美国之后，中国发射了载人飞船，有能力用导弹击落卫星。中国有长达4 000年之久的文化，有13亿人口，他们很多都是非常有才华的人，有一个巨大的人才库可以使用。他们怎么能不渴望成为亚洲第一，继而成为世界第一呢？[1]

今天，中国是世界上发展速度最快的发展中国家，其速度在50年前是无法想象的，这是一个无人预料到的巨大转变……中国人的预期和抱负已经提升。每一位中国人都渴望一个强大、富裕的中国，一个与美国、欧洲国家和日本同样繁荣昌盛并同样具有科技竞争力的中国。这种重新唤醒的使命感是一股极其强大的力量。[2]

中国人想和美国人平等地分享这个世纪。[3]

中国有成为世界强国的实力。所有政府的对华政策，尤其是中国邻国的对华政策，都已考虑到这一点。这些政府正在重新调整自己，因为它们知道如果侵犯了中国的核心利益，将承担一定的后果。中国市场有 13 亿人且他们的收入和购买力不断上升，中国只需禁止外国产品进入中国市场，就能实施经济制裁。[4]

中国与其他新兴国家不同，中国想按照自己的方式被世界接受，而非作为西方社会的荣誉会员。[5]

中国第一意味着什么？如果成为亚洲主导力量，中国对其他国家的行为方式将如何改变？

在中国人的思维中，处于核心位置的是他们沦为半封建半殖民地之前的世界以及殖民者给中国带来的剥削和羞辱。我认为，“中国”也可以理解为“中央王国”的意思，让人回想起中国主导东亚的时代，当时其他国家是中国的附属国，纷纷前往中国进贡。比如四个世纪之前，有一位文莱苏丹带着丝绸到中国进贡，不幸病逝于中国，今天北京还有这位苏丹的陵墓。[6]①

一个工业化的、强大的中国会不会像美国在 1945 年之后那样友好地对待东南亚国家呢？新加坡不确定，文莱、印度尼西亚、马来西亚、菲律宾、泰国和越南等国都不确定。我们已经看到一个越来越自信并愿意采取强硬立场的中国。[7]

美国的担忧是，当中国能够挑战其主导地位时，它将面对一个什么样的世界……亚洲很多中小型国家也对此表示担忧，它们担心中国可能想恢复几个世纪前的帝国地位，它们担心可能再次沦为不得不向中国进贡的附属国。[8]

随着中国的影响力越来越大，中国希望新加坡更加尊重它。中国告诉我们，国家无论大小，都是平等的，中国不是霸权国家。但是，当我们做了中国不喜欢的事，他们就说你让 13 亿人不高兴了……所以，请搞清楚你的位置。[9]

---

① 此处与史实存在两处出入，首先时间上应该是六个世纪前，其次墓址不是在北京，而是在南京。据《明史 · 渤泥国传》记载，永乐六年，即 1408 年，渤泥国国王麻那惹加那带着王妃、弟妹、子女和陪臣共 150 多人抵达南京，明成祖以厚礼相待。渤泥国国王在南京游览月余，不幸染病，虽经御医精心调治，终因病情过重，病逝南京。明成祖遵其“希望体魄托葬中华”的遗嘱，以王礼葬于今南京市安德门外乌龟山上，谥曰“恭顺”。——译者注

中国成为第一的战略是什么?

中国已经得出结论：它的最佳战略是创造一个强大和繁荣的未来，利用大批受过教育、技能日益熟练的工人赶超其他国家。中国会避免任何损害中美关系的行为，挑战美国这样一个更加强大的、技术领先的国家将毁掉中国的“和平崛起”。[10]

中国正遵循的方法与电视纪录片《大国崛起》的理念是一致的。这部纪录片是由中国共产党制作的，意在影响中国精英对这一问题的讨论。德国和日本的错误就在于挑战既定的秩序。中国人不笨，他们已经避免了这个错误……国内生产总值（而非人均水平）才是国家实力的关键。中国不会很快追上美国的军力水平，但是它正迅速发展非对称优势武器以反制美国军力。中国清楚其增长依赖进口，包括能源、原材料和粮食的进口……中国还需要开放海上航线。中国政府担忧对马六甲海峡的依赖，正在采取措施削弱这种依赖性。[11]

中国已经计算出需要三四十年，也可能是五十年的和平与宁静，以奋起直追，完善制度，稳步向市场经济制度转变。中国必须避免德日两国的错误。20 世纪，围绕权力、影响力以及自然资源的竞争把德日两国拖入了两场可怕的战争……俄罗斯的错误在于军费开支过大，民用技术投资欠缺，因此它的经济崩溃了。我相信，中国领导层已经认识到这样一点，即如果你和美国开展军备竞赛，你就会输，相当于自寻死路。所以，避免这一点，避免麻烦，微笑着迎接未来四五十年。[12]

为了提升竞争力，中国集中力量为年轻人提供教育资源，遴选最聪明的人去学习科学和技术，然后就是经济、工商管理和英语。[13]

我对“和平崛起”这个词语的第一反应就是对他们的智囊团说：“这个词语本身就是矛盾的，任何崛起都是令人感到恐惧的事情。”他们说：“你会怎么说？”我回答：“和平复兴，或演进，或发展。”恢复古代的辉煌就是让一个一度伟大的文明再放光彩，中国已经做到了这一点，现在中国人必须对此做出最佳诠释。一年前，一位 70 多岁的中国领导人问我：“你相信我们在和平崛起上的立场吗？”我回答：“是的，我相信，但有一点要说明。你们这一代人经历过抗日战争、‘大跃进’运动、‘文革’和‘四人帮’，还见证了改革开放政策的实施过程。你们知道陷阱很多，而且知道如果中国要一帆风顺地不断发展，内部需要稳定，外部需要和平。然而，你们给中国年轻人灌输了太多对民族复兴的自豪感和爱国主义思想……这可能导致不稳定。”这位中国领导人说他们会确保年轻人明白这一点。我希望他们做得到。沿着这条路走下去，年青一代可能在成年之前就觉得自己已经长大成人了。[14]

中国对东南亚的战略是很简单的：中国告诉这个地区的国家“跟着我共同发展”。同时，中国领导人想要给人留下这样一种印象：中国的崛起是不可避免的，各国需要决定是跟中国交朋友还是与中国为敌。中国还会调整它的承诺以得到它想得到的东西或表达它的不满。[15]

中国有一个巨大的市场且购买力日益提升，正在把东南亚国家吸收进其经济体系内。日本与韩国也将不可避免地被吸收进去。中国无须动用武力就能对其他国家产生极强的影响力。中国的邻国希望美国保持在亚太地区的存在，以避免自己成为中国的“人质”。30 年前，也就是早在中国这块磁石开始把东南亚国家吸入它的轨道之前，美国就应该在东南亚建立一个自由贸易区。如果当时美国这么做了，则其购买力比现在要强得多，而且所有东南亚国家就会依赖美国经济，而不是中国经济。经济因素决定了根本的趋势，其他国家很难抵制中国日益增强的经济影响力。[16]

中国的着重点是通过经济拓展其影响力。从地缘政治意义上讲，它目前在对外政策上更加注重运用外交手段，而不是武力。[17]

中国实施民族复兴的主要障碍是什么？

从内部看，主要挑战是文化、语言以及不能吸引、同化他国人才，今后还会面临治理方面的挑战。[18]

在接受有才华的移民的问题上，即便中国和美国一样开放，未掌握汉语的人又怎么能进入并融入中国社会呢？汉语有很多单音节和声调，是一门非常难学的语言。口语或许几年就可以掌握，但想快速阅读却很难。

我不知道中国在雇用外国人才时能否克服语言障碍及由此带来的困难，除非让英语成为主导语言，就像新加坡一样。

在新加坡，孩子们先学汉语，然后学英语。他们可能十几岁就去美国了，能说一口流利的英语，但他们的头脑里仍流淌着 4 000 年的汉语名言警句。[19]

中国的国内生产总值的绝对额将不可避免地赶上美国，但其创新能力可能永远无法与美国匹敌，因为它的文化不鼓励进行思想的自由交流和碰撞。不然如何解释一个人口 4 倍于美国的国家（可能中国人才的数量也是美国的 4 倍）却少有技术突破呢？[20]

中国人能摆脱他们自己的文化束缚吗？这不符合他们 5 000 年的历史。当中央强大时，国家就会繁荣；当中央虚弱时，各省、各县就会出现很多小皇帝。这是他们的文化遗产……因此中国的传统催生了一种官僚制度。[21]

中国领导人最大的担忧就是贪腐的腐蚀作用以及贪腐在公民中激发的反感。他们从来都不确定它什么时候会崩溃。[22]

鉴于中国幅员辽阔、问题棘手、设施落后、制度薄弱，中国将承受巨大的压力。[23]

中国还存在难以忽视的经济问题：富裕的沿海城市和内陆省份之间悬殊较大，而且沿海城市之间也存在悬殊。中国领导人必须重视这个问题，否则可能引发严重不满和骚乱。[24]

技术将使中国的治理制度显得落伍。到 2030 年，将有 70% 或 75% 的人口居住在城市、小城镇、大城镇以及超级城镇，他们将拥有手机、互联网和卫星电视，他们的信息获取将更便捷，能够自我组织起来。现在，你安抚、监督一些人就可以了，但那时你不能再用现在的方式治理，因为到时候需要安抚、监督的人的数量将非常庞大。[25]

日益廉价且易于获得的技术和农村居民大量涌入城市的现实使人们逐渐认识到中国迄今仍然闭塞的农村地区的真实现状。此外，中国人知道由于工业化，每年都有上千万的人进城……如果他们像以往那样做出务实的改变，加强安全控制，不允许暴乱，不允许反叛同时采取缓和措施……把更多的权力下放给各省市与基层，那么中国是能承受住压力的。[26]

中国是一个帝国的时候，不必担忧其他国家的动态。但现在，它不得不考虑其他国家，因为如果没有他国的资源，包括石油和镍等，它的增长就会停滞。[27]

当今的中国面临着非常发达的北美、欧洲、日本和颇为发达的东南亚和印度……30 年后，中国领导人将明白，虽然到 2050 年中国的国民生产总值将成为世界之最，但就人均水平而言，它仍是小国，就技术角度而言，它仍然非常落后。因此，要有所成就，他们必须有务实的想法……他们一定要清楚地知道什么能够实现、什么不可能，他们一定要知道中国是不可能主导亚洲的。[28]

根据中国当前的辉煌成就直接进行推论是不实际的。中国在前进的道路上存在的劣势和需要克服的障碍比大多数观察人士意识到的都要多。在中国的治理问题中，最主要的问题之一就是缺少法治，在巨大的国家里，仍有一些黑恶势力在当地横行霸道。文化习惯束缚人们的想象力和创造力，而奖励顺从；汉语通过名言警句和 4 000 年来的文章塑造人的思维，这些文章说每一件值得说的事情都已经被说过了，而且之前的作者说得更好；汉语对外国人而言极其难学，很难学到自由融入中国社会并被中国社会接纳的水平；汉语给中国吸引、同化其他国家的人才增添了巨大的阻碍。

虽然新加坡和中国都学习核心的儒家思想，但新加坡在过去 40 年间努力把英语确立为第一语言，把汉语作为第二语言。为什么呢？肯定不是偶然的，也不是没有激起强烈的反对。我们这么做是为了向世界开放自己，使我们自己接触并利用那些促进发现、发明与创造力的主要力量，这些力量不仅存在于英语这门语言中，还存在于英语的思维方式中。

在新加坡这样的小型国家，我们可以运用强势的领导力做到这一点。虽然我曾经建议一位中国领导人把英语作为中国的第一语言，但对于一个自信的大国和文化而言，这显然是不现实的。但语言的确是一个严重的障碍。[29]

中国领导人对实现亚洲乃至更大范围主导权感受到多强的紧迫感?

中国并不急于取代美国成为世界第一强国，也不急于承担那个位置上的重负。就当前而言，中国对大型国际组织（如20国集团）的成员身份很满足，在这里，中国的意见受到重视，经济利益得以维护，但责任却由20个成员共同承担。[30]

虽然肯定有一些声音呼吁中国加快建立主导地位，要求与其身份相匹配的尊重，扮演好大国角色，但是中国领导层的重心依然偏向谨慎和保守，他们以共识为基础，着眼长远。尽管有人可能设想21世纪属于中国，但也有人希望在建立“中国世纪”前能和美国分享这个世纪。[31]

中国成为第一大国后将如何看待美国在亚洲角色的变化?

中国领导层意识到，作为亚洲地区“二战”之后70年间的主导力量，美国提供了一个稳定的环境，促进了日本、亚洲四小龙以及中国等国家和地区的高速发展。中国知道它要利用美国市场、美国技术以及留美学生带回的前沿思想。因此，未来二三十年，与美国对抗对中国来说毫无益处，可能还会损害目前这些利益。

中国的策略是在这个框架下发展，等待时机，直到变得足够强大，可以重新定义政治经济秩序。

在安全领域，中国明白美国对华优势明显。在技术发展和应用上超过美国前，难以想象中国会选择在军事上与美国抗衡。[32]

中国无须争夺东亚。中国会逐渐加强与东亚国家的经济联系，向它们提供一个有着 13 亿消费者的市场。再有一二十年，中国将成为东亚最大的进出口国。[33]

我不认为美国会从亚洲撤离，但是我认为中国的国力在增强。中国的态度是："我们不反对且欢迎美国在亚太的存在。"在经济发达水平和军事方面，在百年内中国不可能追上美国，但中国可以通过不对称的发展给美国施加巨大的压力。[34]

未来几十年，中国能否保持 30 多年来的两位数增长？

在过去 30 年里，中国经济以大约每年 10%的速度快速发展，有时甚至超过12%。中国能不能至少在下一个10年里维持如此高速的增长？我认为可以。中国起点低，加上13亿国内消费者的可支配收入不断增加，这个增速可以维持。[35]

中国会成为西方式民主国家吗？

不会。中国不会成为一个自由的西方式民主国家，否则就会崩溃。对此，我相当肯定，中国的知识分子也明白这一点。如果你认为中国会出现某种形式的革命以实现西方式民主，那你就错了。中国人要的是一个复兴的中国。[36]

中国会成为一个议会民主制国家吗？在农村和小城镇有这种可能……中国人害怕混乱，总是表现出过分的谨慎。那将是一个漫长的演变过程，但考虑一下这些方面的变革还是有可能的。交通和通信越来越快、越来越廉价，中国人将通过旅行、互联网和智能手机接触到其他制度和文化，了解其他社会。有一件事情是肯定的：当前的制度在今后50年里不可能维持不变。[37]

为了实现中国的现代化，中国共产党领导人愿意尝试一切办法，但多党制下一人一票的民主制除外。他们的两个主要理由是：其一，中国共产党必须掌握权力，以确保稳定；其二，他们对多党制下的不稳定怀有深深的忧虑，这将导致中央失去对地方省份的控制，从而引发可怕的后果，就像军阀混战的20世纪二三十年代那样。[38]

我认为，你不可能把一些外国的、与中国的过去完全不符的标准强加给它。让中国变成一个西方式民主国家也是一样，在其5 000年的有记录的历史中，没有过民主制；所有统治者都是皇帝的代表，如果你反对，你就会丧命，而不是遵循民主制。但是，我同意在这个即时通信和卫星技术迅速发展的世界上，你不可能一边做出野蛮的行为，一边说这是你的内部问题……但是现在中国人已经开始谈人权问题，而且他们认识到如果他们想得到世界的尊重，如果想在世界舞台赢得一定的地位，不仅仅在发达国家，甚至在发展中国家，那么他们就不会用野蛮的方式对待自己的人民。[39]

中国已经发现，要管理一个现代的国家，它需要法治。到2035年，它将建立一套全面的法典，并且制定一个稳定的法律体系，加上清廉的行政法则，事实上强化了中央的权威。如果地方政府犯了错误，就可以根据相应的法律程序让其进行解释或加以惩戒，用这种方法约束地方政府，比之前惯常采用的无休止的会议有效得多。而且由于实行了法治，也可以保护普通公民免受官员武断行使权力造成的伤害，企业也可以规划大型的、长期的投资。司法独立还需要20年才能在实践中实现，因为中国的历史传统是地方法官以皇帝代表的身份执行皇帝的命令，这个传统给中国官场打下了深深的烙印。[40]

中国真的会成为第一大国吗?

中国的最大优势不在于军事影响力，而在于经济影响力……中国拥有的廉价劳动力超过其他任何一个国家，它的影响力只会提升并超过美国。[41]

如果中国领导人是务实的、现实的，没有被意识形态眯住双眼，那么中国出问题的概率大概是20%。我并没有说这个概率是0，因为中国的问题比较严峻：制度变革、商业文化变革、反腐以及新思想体系的形成。[42]

中国领导人明白，如果希望继续“和平崛起”，在经济和科技上争取第一，他们不能输。[43]

21 世纪，人们将见证亚洲恢复其世界地位。中国等东亚国家在过去 30 年里取得的进步使东亚国家对未来非常乐观。如果没有难以预料的重大灾害给中国带来混乱或者使中国再度分裂成多个军阀领地，中国民众接受再组织、再教育、再培训并充分利用现代科技只是一个时间问题。中国将利用发达国家和新兴工业化国家的成果加快发展步伐，建设成一个全面工业化的高科技社会，即便 50 年不够，100 年足矣。[44]

应该如何评价习近平？

习近平的经历与胡锦涛相比充满更多磨难，他的父亲下过乡，他也是，但他能坦然接受，默默地在南方省份一步一个脚印地拼搏，升至福建省委副书记。之后，他去了上海，再后来去了北京。他并非一帆风顺，他的人生经历肯定磨炼了他。

习近平性格内敛，不是说他不与你交流，而是说他不会显露自己的好恶。无论你是否说了一些惹他生气的话，他的脸上总是洋溢着令人愉悦的微笑。与胡锦涛相比，他更有钢铁般的意志。胡锦涛在上升过程中没有承受过习近平所忍受的那些痛苦。[45]

我会把习近平归类于纳尔逊·曼德拉这一级的人物，他们有强大的情感自制力，不会让个人的不幸和苦难影响其判断。换句话说，他让人印象深刻。[46]

第二章

霸权下的忧虑：

美国的未来

Lee Kuan Yew

美国正处于全面衰落中？美国的主要优势是什么？美国政府的哪些方面最让人感到忧虑？美国文化最让人感到忧虑之处是什么？有效的政府需要“守护者”吗？美国有欧洲化的风险吗？要维持全球霸权，美国需要做什么？在本章中，李光耀根据自己与美国的长期接触，针对上述问题给出了深刻敏锐的、发人深省的答案。

美国正处于全面衰落中？

绝非如此。美国目前的确因背负着债务与赤字使其发展道路充满坎坷，但我完全可以肯定美国不会沦为二流国家。历史上，美国已经展现出了很大的自我更新与复兴的能力。美国的优势包括：美国人头脑中没有根深蒂固的陈旧思想，而是思维活跃，富有想象力，态度务实；拥有各类优秀的研究中心，竞相发明新技术、提出新理念；美国社会能够吸引世界各地的人才，并能轻而易举地使其融入其中；英语相当于一个开放的体系，是科学、技术、发明、商业、教育和外交等领域的领导者以及各国顶尖人才的通用语言。[1]

虽然美国面临异常艰难的经济形势，但美国的创造力、弹性以及创新精神使其有能力应对一些核心问题，克服这些问题，并重新获得竞争力。[2]

今后二三十年，美国仍将是唯一的超级大国。美国是军事力量最强大的国家，是经济最富活力的国家，美国凭借创新、生产效率和消费依然是全球经济增长的引擎。[3]

今天以及今后几十年，国际社会的游戏规则仍将由美国制定。任何关于国际和平与稳定的重大问题，如果没有美国的领导，就无法得到解决，没有任何国家或任何集团能够取代美国的全球主导地位。[4]

美国对“9·11”恐怖袭击事件的回应展示了它的主导地位。这一令人震惊的事件改变了美国人应对恐怖威胁的态度。华盛顿方面毫不犹豫地动用了其强大的权力改变游戏规则，大肆抓捕、摧毁恐怖分子及给恐怖分子提供援助的人。[5]

接下来几十年间，美国实际上是一个美利坚帝国。无论你是非洲人、南美人、印度人、菲律宾人、中国人或韩国人，美国人都会让你在美国或在海外的美国跨国公司中为美国服务……纵观历史，所有成功的帝国都接受其他种族、语种、宗教和文化的人，并让他们融入自己的民族。[6]

今后10年、15年或20年，美国仍将是最有进取心、最有创新性的经济体，因为它拥有尖端的民用技术与军用技术……在30年、40年或50年以后，如果你无法一直吸引人才，就会丧失这种优势。国际竞争归根结底是人才的竞争，因为中国以及其他国家正在采纳美国的部分成果以适应它们本国的情况，而且它们还在忙于搜罗全球人才，增强本国经济的创新性和活力。因此，当前不是大国搞军事竞争的时代，因为这会导致一损俱损，但大国之间可以搞经济和技术竞争。[7]

美国的主要优势是什么？

美国人对待生活有一种积极向上的精神：他们敢于打破

一切，然后进行分析和重新定义。无论问题能否解决，美国人都相信只要给自己充裕的资金，付出努力搞研究，就能将其解决。记得20世纪80年代，日本和德国的经济发展势头正盛，此时经济上正走下坡路的美国似乎显得相形见绌，但过去这么多年里，我亲眼见证了美国经济结构的调整与改革，美国人又重振雄风了。美国有一套优越的制度，经济方面的竞争力更强。[8]

美国经济出类拔萃的根源在于美国人富有企业家精神。企业家和投资者认为风险和失败都是自然的，是成功的必由之路。当他们失败时，他们能够做到在哪里跌倒、在哪里爬起来，一切重新开始。欧洲人和日本人如果想提高自己的工作效率和竞争力，很有必要效仿美国人的做法。但很多美国式做法与欧洲和日本那种提倡舒适性和社群性的文化体制存在不一致之处，比如，日本为本国工人提供终身劳动保障；德国工会力量很强大，在企业管理中颇有发言权，很多企业决策需要由工会和资方共同敲定；法国政府则支持本国工会给资方施压，支持失业工人索要高额赔偿，希望以此阻止资方裁员。[9]

美国社会是一个注重开拓创新的社会……美国人创办企业、创造财富的积极性很高。论及创新，论及创办企业，把新发现或新发明投入商业用途以创造新财富，美国向来都是最有活力的。美国社会一直在改变，从未停息……每一位成功的美国企业家都尝试过很多次，也失败过很多次，很多人都是反反复复地尝试，直至成功。很多人成功之后继续创办新企业……正是这种精神催生了动力十足的经济。[10]

美国的文化是我们要从零开始并打败你。正因为如此，我才对美国经济有信心，我相信美国经济一定会复苏。美国制造业的发展势头的确逊于德日两国的制造业，但美国发明了互联网，有微软、比尔·盖茨和戴尔……要拥有这些，你需要具备什么样的思维能力呢？这种思维能力是美国历史的一部分。他们来到了一块空旷的大陆，高效地开发它，他们先是杀死了原先居住在此的印第安人，接管了土地和野牛。建立一个城镇，你做治安官，我做律师，你做警察，你是银行家，我们开始建设。他们就是这样发展起来的，这种文化延续至今，这种信念就是你可以做到任何事情。[11]

美国之所以比欧洲和日本更成功，还有一个原因就是美国人的随机行为呈现出的极端性比较强。美国既有平庸的人也有极富才华的人，两个极端的人都有。如果这种极端体现在好的方面，那么这种极端性越强，创造性就越强。[12]

美国文化与东方文化之间的一个根本区别就是个体在社会

中的地位不同。在美国文化中，个体的利益是主要的。这就使得美国社会具有非同一般的竞争力，获得了更大的竞争优势和更杰出的成就。[13]

美国始终占据优势，因为它的社会是一个兼容并包的社会，而且英语是国际性语言，使得美国很容易吸引外国人才。与中国相比，美国的优势非常明显，因为它使用的是英语，这就使得美国能够从亚洲和欧洲吸引数以百万计的掌握英语的外国人才。美国对自己失去信心、丧失创新性以及无法从国外吸引人才的可能性非常小。至少在今后10年、20年或30年内，我认为美国不会丧失这些能力，人才不会涌向中国。人才之所以会涌入美国，是因为美国人讲英语，而且每个人都能融入美国社会，这是一个善于容纳移民的社会。如果要去中国并在那里稳定下来，你不得不掌握汉语，而且你必须适应中国的文化环境。这是很难逾越的障碍。[14]

美国之所以是唯一的超级大国，一个重要原因就在于其科技不断进步，对增强经济和军事实力做出了很大的贡献。[15]

美元很有可能继续维持全球主流货币的地位，因为美国仍是世界上最富有企业家精神、最富活力的经济体之一。[16]

美国这个国家的伟大之处不仅体现在其权力与财富上，而且体现在它是一个由崇高理想推动的国家。第二次世界大战结束后，美国虽然在国际社会中拥有的权力很大，但为了重新建立一个更加繁荣的世界，美国在同其他国家打交道时往往乐于分享自己的财富，表现得很友好、很宽宏大量、很慷慨，恐怕只有崇高理想对人产生的积极向上的作用才能解释美国人的这种行为方式。[17]

在所有大国中，美国可谓是最友好的，肯定不比任何一个新兴国家严厉……只要美国经济领跑全球，而且美国在创新和技术领域保持领先地位，那么无论是欧盟，还是日本或者中国，都无法取代美国当前的主导地位。[18]

美国政府的哪些方面最让人感到忧虑？

当你实行大众民主时，要赢得选票，你就不得不给选民提供更多的好处。而且如果你想在下一届选举中打败对手，承诺给选民的好处比以前还要多。因此，这就类似于拍卖过程中不断加价，而这样做的代价、债务却留给了下一代人，让他们承担。[19]

如果总统给他的人民开出的是一剂苦药，那么他就不会再次当选。因此，为了赢得总统选举，候选人往往倾向于拖延问题，推迟实施不受欢迎的政策。结果就导致预算赤字、债务以及高失业率等问题迟迟得不到解决，因为要解决这些问题往往需要选民牺牲一部分福利，结果就被击鼓传花式地留给了下一届政府。[20]

如果总统与国会受制于民众情绪，那么他们通常处于被动地位。美国的领导人必须知道如何领导国家，知道什么符合美国的真正利益并愿意为之努力，即便无法再次当选也在所不惜，而不应该一味受制于民众情绪。如果他们发现了问题，却因为治理体制的原因而无法加以解决，那么这种体制可以说是运转不灵的。[21]

美国的政治家们似乎有点儿腼腆或羞怯，因为美国的学者们和记者们总是在自由地谈论美国的问题和缺陷，而自从越南战争结束以来，美国的选民似乎不愿意听他们的政治领导人谈论美国的棘手问题。也许是出于这个原因，民主党与共和党都没有集中精力探讨如何解决迫在眉睫的赤字问题，尤其是如何削减福利、增加储蓄和投资或者强化美国的教育体系，以培养具有国际竞争力的工人。最后一点或许是最重要的。[22]

与议会制相比，总统制下诞生好政府的可能性比较低。因为在总统制下，你出现在电视上的个人形象起到了决定性作用，而在议会制下，比如英国，首相在当选之前是议会成员，也许是一位部长，民众对他了解的时间比较长，了解得比较充分……他们对于候选人是什么类型的人、是否具有内涵、讲话是否真诚已经得出了一些结论……而在总统制下，一些总统，比如吉米·卡特在竞选期间频频出镜，告诉选民我叫吉米·卡特，我是一位“种花生的农民”，我在竞选总统。还没有充分了解他，紧接着你所知道的事情就是他已经当选总统了。[23]

如果一个人能够以巧妙圆滑的方式把自己和自己的计划展现出来，向选民承诺创造安全且繁荣的消费社会，再充分利用大众传媒，就很容易鼓动民众选举其为领导人……令我感到很惊讶的一件事就是，媒体顾问①居然能为候选人塑造一种全新的形象，并且至少在表面上把他的性格转变为另外一种性格影响选民。在很大程度上，竞选已经成为一场形象包装和宣传的竞赛……媒体顾问居然是高收入的专业人士，而且需求量很大。如果丘吉尔、罗斯福或戴高乐参加这种选举，我甚至怀疑

① 20 世纪 90 年代，“spin doctor”成为西方政治圈和新闻界的流行词汇，特指竞选活动所雇的媒体顾问或政治顾问，可翻译为“媒体顾问”、“政治化妆师”、“高级幕僚”或“抬轿人”，他们负责对候选人进行从演讲谈吐到穿着打扮的全方位包装，旨在保证候选人在任何情况下实现最佳宣传。候选人在公共场所的每一个演讲词乃至每一个手势都可能是由媒体顾问设计过的。——译者注

他们能否脱颖而出。[24]

我认为民主制度不会自然而然地带来发展，这个观点与美国政治评论家们所说的恰恰相反。我相信，一个国家如果要发展自己，更需要纪律，而不是民主。民主过于兴旺，就会催生无纪律、无秩序的环境，这是不利于发展的。要检验一套政治体制的价值，最终还是要看它能否建立稳定的社会环境，是否有助于改善大多数民众的生活标准，能否在确保人民和平共处的前提下享有最大限度的自由。[25]

菲律宾采用的是美式宪法，而这是世界上实行难度极大的宪法之一。这就产生了一个问题，行政、立法与司法完全分离了……但对于菲律宾这种社会秩序混乱、发展水平低下的国家而言，它需要的是一个强有力的、诚信的政府……这种宪法之下，在重大问题上常常会陷入僵局，我相信，如果亚洲四小龙也采用了这种宪法，不一定会成功。而且你也看到了，自从越南战争和“伟大社会”①以来，美国的制度在本国也无法良性运作了。[26]

---

① “伟大社会”是20世纪60年代由美国总统约翰逊和其在国会的民主党同盟提出的一系列国内政策。1964年，美国总统约翰逊发表演说宣称：“美国不仅有机会走向一个富裕和强大的社会，而且有机会走向一个伟大的社会。”由此所提出的施政目标便是“伟大社会”。作为一种社会福利计划，它令美国政府财政由盈转亏，20世纪70年代初出现了巨额财政赤字。所以李光耀据此苛责美国的制度。——译者注

美国人似乎认为亚洲很容易改变，只要把注意力放在世界其他地方，就能遏制亚洲的发展。其实并非如此，如果美国想深度影响亚洲的战略演变，就不能来了之后很快又离开。[27]

我认为，美国应该冷静地思考一下亚洲对自身利益的影响，不能因为在越南遭遇了挫折就把重心移出亚洲，我接受这个世界本来的样子。在当代美国，我发现美国人对自己蒙受的损失感到很失望。[28]

美国文化最让人感到忧虑之处是什么？

我发现美国文化的某些部分是令人完全无法接受的，比如枪支、毒品、暴力犯罪、流浪、公共场所行为不得体，总而言之，这都体现了公民社会的堕落。美国文化过于注重个人权利，个人有权根据自己的喜好采取各种行为，但这种个人权利的膨胀是以牺牲社会秩序为代价的……社会的道德基础被侵蚀以及个人责任心的丧失都与之有着莫大的关系。第二次世界大战以后，自由主义思潮开始在知识分子群体中勃兴。这种思潮认为，如果给予个人充分的自由，任由他们做自己的事情，每个人都会变得越来越好，并且认为人类已经达到这种完美的状态。美国的很多社会政策是失败的，催生了很多不雅行为，比如在公共场所小便、在大街上强行乞讨，美国的社会政策已经开始引发民众的抵制。社会必须有序运行，枪支、毒品以及暴力犯罪形影相随，这都对社会秩序构成了威胁。[29]

如果过于强调个人至上的理念，就行不通了，这使得美国社会难以保持凝聚力。亚洲能看到这是行不通的，那些想建立健全社会的人也不会遵循美国模式。在健全社会里，年轻的女孩和年老的妇人能够在夜晚安全出行，年轻人不会再被毒贩利用……在美国这个社会中，处在最顶层的3%~5%的人才有能力应对这种混乱无序的状态，才能应对各种思潮的激烈碰撞。要应对这些问题，你就会把情况搞得一团糟……如果你让暴力场景和色情画面日复一日地出现在电视机上，终将毁掉整个社会。[30]

亚洲人到美国后，很多人都会对美国的社会状况感到困惑和不安，例如：法律和秩序失去了控制；骚乱、毒品、枪支、抢劫、强奸和犯罪非常普遍；贫富差距显著；个人权利过度膨胀，对整个社会造成了损害；美国法律疑罪从无的理念过度保护人权，导致罪犯经常逃脱法律制裁……美国对贩毒者和吸毒者的人权的过度保护危害了整个社会的利益，涉毒犯罪猖獗。学校也受到了影响，在学生群体中，未成年人犯罪率很高，暴力行为普遍，辍学率高，纪律性和教学质量低下，结果培养了一大批没有竞争力的人。因此，这就形成了一个恶性循环。[31]

如果你所处的社会崇尚自由主义，充斥着多样化的意见和不同的思想，充斥着各种噪声和骚动，我也不认为这种自由主义能自然而然地推动你成功。[32]

当美国媒体表扬韩国、菲律宾或泰国成为民主国家、践行了新闻自由时，美国人的文化优越感再一次得到了明显的体现，这是一种带有傲慢情绪的表扬，就像优势文化拍着劣势文化的头表扬它一般。正是这种文化优越感导致美国媒体揪着新加坡不放，指责我们是威权主义、专制主义，说新加坡社会是一个管理过严、约束过多、令人窒息、缺乏生机的社会。为什么呢？因为我们没有遵循美国的社会管理理念。但我们不能让其他人拿我们新加坡人的社会搞试验，万一失败，我们承担不起后果。他们的理念都是理论，都是没有经过证实的理论，没有在东亚得到证实，甚至没有在菲律宾得到证实，要知道，美国殖民统治菲律宾长达50年。此外，他们的理念也没有在泰国或韩国得到验证。[33]

多元文化会毁掉美国。大批墨西哥人以及其他国家的人会继续从南美洲和中美洲涌入美国，在美国的土地上传播他们自己的文化。如果这种文化比新教徒的盎格鲁-撒克逊裔美国人（WASP）的文化传播得更快，那么最终占据上风的是谁的文化呢？是新教徒的文化打败移民的文化，还是移民的文化改变现有文化呢？他们肯定会相互影响并改变对方，但美国文化即便有一部分被改变了也是很悲哀的事。[34]

从长远来看，比如100年或150年以后，到22世纪，美国能否保持顶尖地位取决于美国社会将变成什么样的社会，因为如果当前的问题继续存在，那么美国社会中就会掺杂进其他种族的成分，比如西班牙人的成分在美国社会中所占的比重有可能达到百分之三四十的水平。因此产生了这样一个问题：在文化方面，你是把西班牙人改造成盎格鲁-撒克逊人，还是把盎格鲁-撒克逊人改造成西班牙人呢？如果他们是陆续地来到美国且居住得比较分散，那么美国人就会改变西班牙人的文化，但如果他们是大批涌入美国，就像在迈阿密那样，而且居住得比较集中，就像在加利福尼亚州那样，那么他们就很有可能深刻影响周围的盎格鲁-撒克逊人的文化。这才是美国文化面临的真正挑战。[35]

我不赞成美国或英国的竞选模式。我不确定欧洲现在是否还会在选举过程中曝光竞选者的家庭琐事，但在美国的确会这样。因此，在奥巴马竞选期间，为了引导舆论，便大肆渲染奥巴马的妻子米歇尔·奥巴马及其孩子，甚至连奥巴马家里养的狗都被当作炒作题材。也许这会让选民觉得候选人具备很强的家庭责任感，但这又如何帮助选民判断奥巴马能否成为一位好总统，是否会集中精力采取正确措施推动美国经济复苏呢？[36]

有效的政府需要“守护者”吗？

对新加坡而言，基本的挑战依然未变：如果我们无法源源不断地培养高素质人才担任总理和部长，那么新加坡这个世界地图上的小红点终将变成一个小黑点……要想找到能力超群、敬业奉献、正直廉洁以及愿意把年富力强的人生阶段奉献给国家的人，并且让他们参与风险系数很高的选举过程，那么我们给我们的部长提供的待遇就不能太低，我们不能告诉他们：他们唯一的回报就是社会对他们所做贡献的赞誉。

新加坡从第三世界国家跻身第一世界国家之列，靠的不是物色那些愿意在担任公职期间牺牲子女未来的部长。我们的方法很务实，不需要高素质人才为了公共利益放弃太多个人利益。新加坡的部长们待遇很高，我们要敢于直面这一点，不能为了回避外界对高薪的质疑而降低人才的待遇，那样做只会让新加坡重返第三世界。[37]

美国或英国的政治制度认为人都会为自己着想。实际上呢？你真的相信那些连小学都没毕业的人在回答关于语言、文化和宗教方面的问题时明白自己的抉择引发的后果吗？但我们知道这些后果，我们将会挨饿，我们将会爆发种族骚乱，我们将会解体。[38]

要想建立高效的政府，你必须选择优秀的人担任政府职务。在过去 40 年间，我观察到即便一个国家的政体落后，但如果由优秀的、强有力的领导人掌舵，政府还是令人满意的，能取得相当大的进步。另外，我还见过很多非常理想的政体都以失败告终。英国和法国曾经为其殖民地制定过 80 多部宪法，这些宪法、制度、权力制约与平衡都没有什么问题，但这些社会没有出现有能力运作这些制度的优秀领导人，而且这些社会的成员也不尊重这些制度……继承了这些制度的领导人是不称职的，结果爆发了骚乱、政变或革命，他们的国家失败了，政体也崩溃了。[39]

如果一个民族因为找不到合适的人才运作民主制度而丧失信念，那么无论这个制度多么完美，终将消亡。归根结底，一个国家的制度能否产生效力，取决于本国人民。[40]

有必要在社会顶层培养这样一批人，他们具有优秀领导人的所有品质，能给其人民带来启发和动力，领导本国人民取得成功。简言之，这样一批人就是所谓的精英……所有具有发展潜力的人都必须得到培养机会。这些人是社会的先导，国家的进步就取决于他们。[41]

总体来讲，无论是跟从传统型领导人，还是跟从代议制下的领导人，人们只能管理自己，只能满足自身需求。一个秩序良好、历史没有出现中断的社会，比如英国或日本，其民族团结和国家制度赖以建立的根基是皇室、宗教及宗教领导人、轮流掌权的执政党的精英、公共服务领域的精英、武装部队，以及商业、工业和技术领域的精英。[42]

要治理好一个国家，最佳方法就是让最优秀的人做难度最大的工作。[43]

美国有欧洲化的风险吗?

如果美国继续追随欧洲的意识形态导向，那么美国肯定逐渐欧洲化。社会冲突也会越来越多，因为弱势群体将要求更多的政府援助，但要满足他们的需求，必须避免损伤其他人工作的积极性。[44]

美国和欧洲国家的政府认为自己总是有能力救助那些贫困的人群，比如寡妇、孤儿、老人、无家可归者、弱势群体和未婚妈妈。这些国家的社会学家提出的理论认为，个人的不幸与失败不是由个人性格造成的，而是由经济制度的缺陷导致的。因此，慈善就变成了“津贴”，依靠慈善生活本应带来耻辱，但在西方，这种耻辱感却消失了。不幸的是，福利成本的增长速度比政府筹措税款以支付福利的速度还要快，而增税的政治成本又很高。政府为了避免自找麻烦，为了拉选票，索性通过借债向现有的选民提供更优厚的福利，却把恶果留给了还没有成为选民的下一代人。这导致政府预算赤字和公共债务居高不下。[45]

我不希望新加坡人效仿美国人心安理得地依赖救济过日子，而是希望新加坡人学习美国的自强文化。这种文化特质使美国诞生了很多伟大的企业家，他们有魄力、有活力、有勇气创立和调整他们的企业，因此也就改变了美国经济，在这一点上，美国人比欧洲人和日本人做得好。[46]

如果美国的欧洲化特征再多一点儿，也就是说建立广泛的社会保障网络、给失业人员提供救济金和医疗保险，将在未来十年内给美国政府增加 1.2 万亿美元的成本，我不知道这些钱从哪里来，如果美国走上了这条路，即便私营企业接管美国经济，美国经济的增长速度也会放缓许多。[47]

要维持全球霸权，美国需要做什么？

21 世纪将是一个大国争夺太平洋主导权的世纪，因为太平洋地区将成为新的经济增长点，全球经济的大部分新增成果将来自这个地区。如果美国没有在这个地区站稳，就无法成为世界领导者。[48]

美国的核心利益要求它保持在太平洋地区的超级大国地位。放弃了这个地位，将削弱美国在世界各地的影响力。[49]

要在太平洋地区站稳脚跟，美国一定不能让其财政赤字过于严重，否则就会出现美元资本外逃……如果银行家、所有的对冲基金以及所有人都得出这样一个结论，即美国不会解决赤字问题，然后就会把自己的资产转移出美国，到时美国就会遇到真正的麻烦……美国的债务是我最担心的，因为这个问题最有可能弱化美国的全球领导地位。[50]

美国一定不能过多地把精力放在中东地区，不能过度关注伊拉克、伊朗、以色列和石油，以至于让其他国家乘虚而入并接管美国在东南亚地区的利益。中国的注意力非常集中，它正在世界各地寻找能源，它也正在世界各地广交朋友，包括东南亚地区。[51]

第三章

对抗的代价：
美中关系的未来

Lee Kuan Yew

美中两国出现严重对抗的可能性有多大？在美国应对中国崛起的战略中，均势政策应该扮演什么角色？为应对中国崛起，美国政策与行动应该如何调整？在应对中国崛起的过程中，美国应该避免采取哪些政策与行动？随着中国逐渐崛起为一个大国，美国政策与行动会严重影响中国的发展轨道与行为方式吗？中国的政策与行动应该如何调整以同美国建立可持续的合作关系？如何管理不断变化的美中关系将是美国在21世纪的核心挑战。在回答这些问题时，李光耀向美国领导人提出了自己的建议。

美中两国出现严重对抗的可能性有多大?

现在不是冷战时期。过去，苏联与美国抗衡以争夺全球主导权。现在，中国的行为纯粹是为了自己的国家利益，它对改变世界不感兴趣。[1]

美中两国为了争夺影响力，将出现对峙。我认为对峙会缓和，因为中国需要美国，需要美国的市场，需要美国的技术，需要派留学生到美国学习，然后开始做生意，从而改变他们的命运。这需要10年、20年甚至30年的时间。如果中国和美国争吵，变成了劲敌，他们就会失去所有信息、所有技术能力。中国将把两国对峙维持在依然可以利用美国的水平。[2]

美中关系不同于冷战期间的美苏关系，因为两国目前不存在意识形态的冲突，中国已经满怀热情地实行了市场经济体制……美中关系中，合作与竞争并存。两国之间的竞争是不可避免的，但冲突并非不可避免。[3]

苏联解体后，美中两国更有可能把对方视为竞争对手，而不是敌人。两国关系还没有最终定型，最好的结果就是双方达成谅解，即便不能合作，也可以和平共处，并允许亚太地区的所有国家谋求发展与繁荣。[4]

一个有利于两国关系稳定的因素就是两国都需要与对方合作，需要同对方开展良性竞争。美中爆发军事冲突的可能性很小。中国领导人知道美国占据压倒性的军事优势，而且这种优势在未来几十年里将保持不变。中国将推进其军事现代化，但目的不是挑战美国，而是在必要情况下实现两岸统一。[5]

中国将不会让国际法庭裁决南海领土争端，因此，如果要让《联合国海洋法公约》产生效力，美国在亚太地区的军事存在是必要的。[6]

在美国应对中国崛起的战略中，均势政策应该扮演什么角色？

谨慎起见，亚太地区应该维持均势，亚太各国之间的一个广泛共识就体现了这一点。这个共识就是美国在这个地区的军事存在应该维持下去……军事存在并不意味着一定要动用武力以彰显自己的存在，其存在本身就具有意义，有利于维护这个地区的和平与稳定。这种稳定符合各方利益，包括中方利益。[7]

欧洲与亚太地区的和平与安全仍然依赖均势，美国在这两个地区的军事存在是有必要的。然而，除非美国经济发展势头更加强劲，债务负担减轻，否则其军事存在将大幅弱化，较为长远的前景将出现一些问题。即便美国的赤字削减了，工业生产率提高了，出口额增加了，美国仍将无力承担，也不愿独自承担维护全球安全的重任。美国遇到的大问题就是经济复苏迟缓，随着其贸易保护主义渐趋强化，美国同他国的贸易摩擦以及来自日本的反击将越来越严重。最坏的情况就是贸易与经济关系变得非常糟糕，以至于共同安保关系遭到削弱和破坏。这将是可怕的、危险的事态。[8]

世界的发展得益于美国建立的稳定。如果这种稳定被破坏，我们将面临不同的形势。[9]

在未来二三十年里，中国的国土面积将使得亚洲其他国家，包括日本和印度，无法在重要性与能力方面与其匹敌。因此，亚洲需要美国以实现均势。[10]

问题在于美国能否继续在亚太地区充当关键的安全守护者和经济行为体。如果答案是肯定的，东亚的未来将一片光明。但如果美国经济在未来10年内无法重拾竞争力，就会产生问题。[11]

除非美国不介意丧失对中国和日本的影响力，否则美国是不会放弃日本的。无论是否存在《美日安全保障条约》，亚太地区唯一的均势只能是美、日、中三国之间实现均势，其中日、美是一边，中国是另一边。这是不可避免的，因为中国的潜在实力将超过美日两国之和。[12]

美国为什么要同亚太各国接触，帮助东亚各国的国内生产总值总和超过北美地区的国内生产总值总和呢？为什么不撤走并放弃这个接触过程呢？因为这个过程不能轻易放弃。若干年之后，这个过程可能逐渐放缓或停止，但只有在日本、中国、韩国以及俄罗斯实现新的均势之后才会出现这种情况。然而，没有任何一种均势比当前这种由美国充当主要角色的均势更适宜……与美国充当主要角色的均势相比，没有美国作为主要力量的地缘政治均衡将出现很大的不同。我这一代的亚洲人经历了第二次世界大战，见证了其恐怖与悲惨，依然记得美国如何帮助日本、新兴的工业化经济体以及东盟国家凤凰涅槃式地在“二战”废墟上重建繁荣，因此，我这一代的亚洲人会深感遗憾，遗憾的是美国在“二战”后均势中的核心角色作用并不那么强，以至于世界呈现出巨大的差异。[13]

尼克松总统是一位务实的战略家，他会接触中国，而不是遏制中国，同时又悄悄地铺了一条退路，以防止中国不遵循国际规则，不愿做优秀的世界公民。在各国被迫站队的情况下，他设法将日本、韩国、东盟国家、印度、澳大利亚、新西兰和苏联争取过来。[14]

为应对中国崛起，美国政策与行动应该如何调整?

如果美国被一个曾经被污蔑为颓废、虚弱、腐败、无能的亚洲民族取代，即便不是在世界范围内，只是在西太平洋地区，也很难让人在情感上接受。美国人的文化优越感使美国很难在这方面进行调整，美国人相信他们的理念具有普世价值，比如个体至上的理念、无拘无束的言论自由。其实并非如此，过去不是，现在也不是。实际上，美国社会之所以能在这么长的时间内维持繁荣，并不是这些理念和原则的功劳，而是因为某种地缘政治意义上的运气、充足的资源、大批移民注入的能量、来自欧洲的充裕的资本和技术，以及两个大洋使美国免受世界冲突的影响。[15]

最终美国不得不同中国共享其主导地位。[16]

美国不能阻止中国的崛起，它得容忍中国这个大国。对美国而言，这是一种全新的局面，因为之前还没有任何一个国家大到足以挑战美国地位的程度。二三十年后，中国将有能力做到这一点。[17]

中国对世界平衡态势的冲击是如此强烈，以至于世界在三四十年后不得不寻求一种新的平衡。不可能仅仅把中国视为另一个大国，它是世界历史上最大的国家。[18]

美国国会反对任何新的自由贸易协定。如果下一届国会继续反对，美国则会丧失宝贵的时间，到时要想再次尝试可能为时已晚。必须让美国国会认识到打造平衡、平等的美中市场关系越来越困难。每年，中国与其邻国的进出口贸易额都超过美国同这些国家的进出口贸易额。没有自由贸易协定，韩国、日本、中国台湾以及东盟国家将被中国经济吸引过去，应该避免出现这种结果。[19]

在应对中国崛起的过程中，美国应该避免采取哪些政策与行动？

不要从一开始就把中国视为敌人，否则中国会制定反制战略把美国赶出亚太地区；实际上，它已经在考虑这个战略了。

美中两国难免会在西太平洋地区为了争夺主导权而展开一场角逐，但这不需要引发冲突。[20]

美国人权组织抨击中国，美国国会及美国政府以中国践踏人权、出售导弹技术为名威胁取消中国的贸易最惠国待遇……他们忽视了两国的文化、价值观及历史差异，使双边关系的战略考量服从于美国的国内议程。这种冒进的做法可能把中国变成美国的长期对手。美国不要对中国那么敏感，多了解一下中国的文化，有助于弱化双边关系的对抗性。[21]

苏联解体，美中关系面临的共同威胁解除了。美国还没有最终敲定一个同时能被两党接受的对华政策。中国有成为超级大国的潜力。美国的兴趣是维持只有美国这一个超级大国的现状，但 30 年后，不断发展的中国可能挑战美国的主导地位……美国的对华政策总是受到一些无关紧要的因素的影响，比如躲避迫害的中国异见人士遭受的痛苦、民主、人权、最惠国待遇、“涉藏问题”以及台湾试图成为具有“独立”地位的联合国会员国等问题。挑战中国的主权与团结将引起中国的敌视。只有当美国的政策是遏制中国、放缓或阻止中国经济的快速发展时，着重强调这些问题才是必要的。[22]

大规模的经济改革已经开放了中国。如果美国对华政策的目标是推动中国经济的自由化，那么人们将看到更多的贸易和投资。相反，美国取消中国的贸易最惠国待遇有可能颠覆这一过程。美国国务院起草中国的人权报告，就像班主任在期末为家长撰写学生的年度报告一样，这可能让美国人感觉良好，让中国人看起来很渺小，但东亚国家却对因此引起的长远后果感到忧虑。[23]

美国比其他任何一个国家都有能力推动中国融入国际社会……难就难在美国公开表达了推动中国民主化的愿望。中国憎恨并抵制这种干涉其内政的行为。外部大国不能根据自己的意志重塑中国……美国社会太过多元，利益主体太复杂，无法在如何看待中国的问题上达成单一的或一致的意见。有时，美国国内出现的一些说法让中国怀疑美国接触中国是否意味着要发动战争……必须说服中国，使其相信在中国参与讨论世界稳定与安全的问题之前，美国并不想让中国崩溃。[24]

随着中国逐渐崛起为一个大国，美国政策与行动会严重影响中国的发展轨道与行为方式吗？

肯定会。如果美国试图羞辱中国、遏制中国，那么美国肯定会给自己招来一个敌人。相反，如果美国接受中国是一个强大的、正在崛起的大国，并给予其应有的地位，那么在可以预见的未来，中国就会接受这个地位。因此，如果我是一名美国人，我就会赞扬中国，承认它是个大国，欢迎它重返受人尊重的地位并重视往日的辉煌，同时提出一些具体的合作方式。[25]

美国明明知道跟中国较量会给自己在很长一段时期内树立一个没有必要的对手，而且中国的实力渐强，将视美国为敌人，为什么美国还要这么做呢？这是毫无必要的。美国应该说：我们终将是平等的，最后你可能比我还强大，但我与你必须合作，请坐，我们讨论一下这个世界的问题吧。[26]

是接触中国，还是孤立中国，美国必须做出根本性的抉择。你不可能两样都做，不可能说在某些问题上接触中国，却在其他问题上孤立它。你的信号不能模糊。[27]

美国对中国最大的长远影响就在于每年都有数以千计的中国公派留学生赴美学习，其中有一些是中国能力最强的学者和科学家，他们将是推动中国变革最强大的因子。[28]

随着中国的发展逐渐接近能够在东亚占据主导的程度，中国必须做出一个重大抉择，是成为一个霸权国家，利用自己的经济、军事力量建立一个势力范围，还是继续做一个良好的国际公民……在这个抉择的时刻到来之前，应该给予中国充分的动力，使其选择国际合作，国际合作能在未来 50~100 年的时间里建设性地消化中国的能量，这符合每个人的利益。这就意味着中国必须有和平发展的经济机遇，避免迫使中国通过强硬手段获取石油等资源，为其产品与服务开辟市场……如果没有给中国提供这样一条道路，这个世界将不得不面对一个强硬的中国……美国可以通过与中国开展对话与合作为中国描绘发展蓝图，引导中国在今后二三十年逐渐向大国过渡……中华文明是古老的文明，不会因为外在压力或制裁而轻易变革，只有当他们的领导人、思想家和知识分子都相信采用其他社会的一些属性与特色对中国有利时，变革才会到来。[29]

推动中国政治变革的最佳途径就是增强它和世界的贸易关系与投资关系，然后它的繁荣将更多地取决于它和贸易大国在经济体制方面的协调性，而且广泛的联系将影响和改变其文化价值观和道德标准。[30]

使中国融入全球体系将增加中国的既得利益，促使中国遵守国际规则，将强化中国对贸易、服务、投资、技术与信息的依赖性。这种相互依赖的关系将逐渐强化，到最后，一旦哪个国家单方面违背国际义务，将付出难以承受的代价。[31]

中国有可能变成一个盲目排外、奉行沙文主义的力量，会因西方试图放缓或阻止其发展而仇恨、敌视西方，也有可能变成一个行为文明、积极参与世界事务、更具世界特色、更加国际化和外向型的国家，亚太地区的和平与安全将取决于中国朝哪个方向演变。[32]

中国的政策与行动应该如何调整以同美国建立可持续的合作关系?

1945~1991 年，中国出现了一系列战争与事件，几乎把它拖垮……这一代人经历了地狱般的阶段："大跃进"运动、饥荒、与苏联间几乎发生碰撞、"文革"……我确信这代人想要的是和平崛起，但他们的孙辈呢？他们认为自己已经羽翼丰满，如果他们开始展示自己的肌肉，就会有一个不同的中国……孙子从来都不听爷爷的。另外一个问题也是至关重要的：如果你一开始就认为这个世界对你不友好，这个世界剥削了你，帝国主义摧毁了你，劫掠了北京，对你做了所有恶劣的事情……这样是不好的……你回不到从前那种世界只有中国这一个大国的时代了……现在，世界上有很多大国，中国只是其中之一，而且很多大国都更有创新能力、发明能力和弹力……如果我是美国、欧洲或日本，我会花上一些时间确保年青一代不要形成敌对性思维，而是养成宽容和理解的思维，要让他们明白自身在全球事务中也是一个利益攸关者，佐利克在描述中国角色时也认为中国是“利益攸关者”……让他们感受到自己也是利益攸关者，如果地球变暖了，他们将和其他人陷入同样的麻烦。[33]

中国的年青一代成长于和平与发展时期，没有经历中国动荡的时代，因此，要让中国年青一代明白中国曾经因为闭关锁国和过度注重意识形态而犯的错误，这一点是至关重要的。必须向他们灌输正确的价值观和态度，让他们以虚心和责任心应对未来。中国和平崛起理论的撰写者们清醒地意识到，随着中国的崛起，必须让中国的邻国以及整个世界都明白它的崛起是友好的，不会威胁世界，只会增进世界福祉，并将着力避免破坏和冲突，让邻国和世界放心是中国的责任，也符合中国的利益……中国意识到了它的迅速增长给世界其他国家带来的问题，希望同国际社会一道，共同把震荡减到最小幅度。研究如何弱化其增长引发的负面影响是符合中国利益的。[34]

中国彰显优势的方式肯定不同以往。以当前的东亚为例，中国显然已经在同其邻国的关系中确立了经济主导地位，并利用中国市场准入权以及大规模海外投资实现自身利益。如果哪些国家或企业不认可中国的地位，没有给予中国适当的尊重，则有可能被逐出迅速增长且拥有 13 亿人口的中国市场。[35]

第四章

令人窒息的国家：印度的未来

Lee Kuan Yew

印度会崛起为一个大国吗？如果会，什么时候？印度的民主治理体制给其长远发展前景带来了哪些限制？印度的文化给其长远发展前景带来了哪些限制？当前，印度经济有哪些优势？长远来看，印度经济面临哪些挑战？其长远发展前景如何？在今后10年中，印度经济前景与中国相比如何？印度的民主模式对亚洲其他国家的意义有多大？在亚洲，印度会成为中国的战略性对抗力量吗？美印关系前景如何？长期以来，李光耀一直在观察印度经济、政治与区域角色，因此在回答上述问题时具有独到的见解。

印度会崛起为一个大国吗？如果会，什么时候？

早在1959年和1962年，尼赫鲁还在位时，我就访问了印度。当时我认为印度很有可能成为一个繁荣的社会及一个大国。到20世纪70年代末，我认为印度会变成一个军事大国，但经济不会繁荣，因为印度的官僚体制令人窒息。[1]

印度的民主治理体制给其长远发展前景带来了哪些限制？

印度曾经大搞国家计划经济，国家控制范围太广，致使官僚体制固化、腐败猖獗，以至于浪费了数十年的发展机遇。如果印度实行分权制度，就会使更多的中心城市（比如班加罗尔和孟买）实现更大的发展和繁荣……种姓制度素来与英才管理体制格格不入。①印度的伟大之处还没有充分体现，它的潜力尚未被充分开发和利用。[2]

① 种姓制度指按照血统、阶级、财富等严格区分的社会制度；英才管理体制指根据个人能力或功绩进行提升的体制。——译者注

印度的宪法体制和政治体制存在诸多限制因素，导致印度无法实现高速发展……无论政治领导层希望做什么，必须在中央层面经过一套纷繁复杂的程序，甚至还需要在各邦经历更复杂的审批……印度的发展速度是由其宪法、种族结构、选举模式以及由此产生的联合政府决定的，而这些因素都会加大决策难度。[3]

但这种状况是其宪法体制的一部分，印度人民现在已经接受，在其思想中已经根深蒂固。围绕各邦边界、语言隶属、种姓配额出现的推诿现象永远也不会消除，所有这些因素都不利于印度实行充满活力的英才管理体制，妨碍其最大限度地发挥潜能。[4]

印度的政治领导人是有改革决心的，但印度的官僚体制运作迟缓且抗拒变革，猖獗的腐败与地方上的争斗也不利于改革。此外，民粹主义的民主体制导致执政党出现常态化的更迭，从而弱化了印度政策的连贯性……印度基础设施薄弱，企业面临的行政管理障碍大，财政赤字严重，尤其是各邦政府的财政赤字更严重，这些因素都不利于印度进行投资和创造就业。[5]

如果印度所有的部长和高级官员都能像印孚瑟斯技术有限公司的共同创办人和前首席执行官纳拉亚纳 · 穆尔蒂那样

勤勉、刚毅、有担当、具有前瞻性，那么印度就会成为世界上增长速度较快的国家之一，只需一代人的时间就会跻身第一世界。然而，穆尔蒂也许意识到了任何一个人都无法改变印度的管理体制，都无法使印度像印孚瑟斯那样高效。[6]

印度的文化给其长远发展前景带来了哪些限制？

印度不是一个真正意义上的国家。在英国殖民统治开始之前，印度这片土地上原本有32个小国，这些小国恰巧都位于英国人修建的铁路的沿线地区。后来英国人来了，就把这些小国联合起来，建立了殖民统治，把众多小王国纳入其统治之下。英国的殖民统治依赖的是1 000名英国人和数万名印度人，这些印度人在成长过程中都养成了英国人的行为方式。[7]

如果一个社会不重视培养优秀人才，使其获得最好的发展，我是不赞成的；如果一个封建社会等级森严，你的出身就决定了你在这个等级制度中的地位，我也是不赞成的。而这两点在印度的种姓制度中都得到了充分体现。[8]

印度文明是古老的文明。尼赫鲁与甘地原本都有机会像我服务新加坡一样服务印度，但他们无法消除印度的种姓制度，无法摆脱印度根深蒂固的旧习。[9]

看看印度与中国的建筑业，你就知道做事效率高低的区别了，印度只是讨论来讨论去，到头来却做不成事……部分原因可能在于印度是一个多元化色彩非常明显的国家：它不是一个国家，而是由英国殖民统治开始之前的32个国家构成的，印度方言多达330种……在中国，90%的人口是汉族，大家使用的是同一种语言，虽然口音不同，但写出来却是一样的。如果你站在德里用英语演讲，那么在印度的12亿人口中也许只有2亿人能听懂你的话；如果你说印地语，也许只有2.5亿人能听懂；如果你说泰米尔语，只有8 000万人能听懂。因此，中印两国之间存在巨大的差异……比较这两个国家，我们就像在比较橘子与苹果……请不要误解我。印度的上层与世界上任何一个国家的上层都是一样的。在印度的婆罗门，也就是僧侣阶级的后代，与世界上任何国家的上层一样聪明、充满智慧，但他们也面临着同样的障碍。而且在他们的种姓制度中，如果你是婆罗门，而你同一个非婆罗门结了婚，那么你在这个制度中的地位就会下降，你就被排挤出了婆罗门。[10]

一般来讲，印度的公务员会把自己视为管理者，而不是服务者，他们还没有认同获得利润、变得富有并不是罪恶的事。他们对印度的商业界几乎没有信任。印度商人无权享有国家福利，外国商人更不用提。[11]

当前，印度经济有哪些优势？

印度的私营部门比中国的私营部门发展水平高……与中国公司相比，印度的公司治理模式国际化水平高、资本回报率高，而且印度资本市场较透明，运作状况良好。[12]

与中国相比，印度拥有比较强大的银行体系和资本市场。印度的制度比较强，尤其是法律制度较为完善，有利于为知识产权的形成与保护提供一个更好的环境。[13]

印度人口的平均年龄是 26 岁，而中国人口的平均年龄是 33 岁，并且印度的人口增速也快于中国的人口增速，这就使印度享有更大的人口红利，但印度必须为其人民提供更好的教育，否则人口因素非但不能带来机遇，还会变成负担。[14]

长远来看，印度经济面临哪些挑战？其长远发展前景如何？

如果印度人无法摆脱固有的思维模式，就会丧失发展机遇……印度必须建设高速公路、引进高铁，并修建更大、更好的机场，还必须接受这样一个事实：要成为发达国家，印度必须像中国那样，将其人口从农村迁移到城市。[15]

英迪拉·甘地的儿子去世之后，我对她说："抓住这个机会，开放印度，改变印度的政策。看看海外的印度人，看看他们在英国、在新加坡、在世界各地都非常成功。是你们的政策和官僚体制限制了他们，束缚了他们。"她告诉我："我做不了。事情就是这样。印度就是这样。"我觉得在推行改革方面，除了她，没有其他合适的人选了，她有宣布紧急状态的魄力。既然你有魄力做这件事情，你就应该有魄力改变体制，让印度企业摆脱束缚。因此，听完她的一番话之后，我就认定印度将发展得很慢。也就是在那时，我看到中国正在崛起……因此我知道这场竞赛不会是一场势均力敌的竞赛，我收回之前对印度的乐观判断。[16]

印度的规章制度错综复杂，官僚主义极其严重，令人感觉如坠雾中，看不到出路何在。[17]

印度可能需要花三五年的时间改善基础设施，否则印度就会在全球经济洗牌中输掉。[18]

印度必须效仿中国高效的办事方式。中国以高效的方式建立了覆盖面广的通信基础设施与交通基础设施、电厂以及水厂，并实施了很多行之有效的政策，其制造业吸引了巨额的外国直接投资，创造了较多的就业机会，经济增长效率较高。印度辉煌的增长主要集中在信息技术服务产业，而这个产业创造的就业机会有限。[19]

如果印度的基础设施得到完善，投资将随之而来，印度很快会赶上来。印度需要的是一个更加自由的体制，这会吸引更多的外国企业。这样，印度市场就能达到国际企业的竞争水平。[20]

印度不同的城市之间缺乏快速连通性……一旦印度的公路、港口、铁路等基础设施到位并削减繁文缛节，它不仅能在信息技术产业创造就业机会，还能在制造业和其他一切产业全面促进就业。工作机会越来越多，整个国家将焕然一新。[21]

要创造就业机会，改革的重点必须放在制造业上。这需要印度改变劳动法，允许雇主在不需要那么多雇员时裁员，同时需要精简法律程序，降低财政赤字，消除官僚作风，最重要的是完善基础设施。[22]

印度不能仅仅凭借服务业就成长为一个经济大国。自工业革命以来，没有任何一个国家在成为工业强国之前就变成了经济大国。[23]

中印两国都饱受腐败问题的困扰，但印度官僚主义的繁文缛节比中国更严重，对效率的削弱性更强。[24]

印度首先需要削减繁文缛节，其次需要为私营部门的增长提供更大的动力，再次需要解决基础设施落后带来的挑战，最后需要实现外国直接投资规则的自由化。[25]

目前，虽然印度开始了自由化进程、国有企业私有化，却不允许雇主解雇员工。这样一来，企业如何实现盈利？如何扩大生产规模？如何提高生产效率？如何改变用人标准？[26]

印度受教育人口的比例较低，长远来看，这是一个弱势。印度顶级人才紧缺，大批的工程师和大学毕业生并不具备不断变化的经济形势所需要的技能，因此仍然找不到工作……印度的同代人中，需要超过一半的人完成小学教育，否则印度就会遭受严重损失。[27]

印度领导人从尼赫鲁和他那一代人开始就一直痴迷于苏联快速的增长和工业化。当然，这也是那个时代的英国经济学家所推崇的模式，即资本积累率高、密集上马大型项目、大力发展钢铁事业、制造农业机械。做了这些之后，你就能发展……他们相信这些……当辛格在1991和1992年开始搞改革时，印度已经丧失了40年的发展机遇。要知道，辛格本人也曾是一位计划经济的拥护者。现在，印度面临着打破一切垄断的问题，而印度的工会是大型国有企业的重要组成部分，是不希望企业私有化的，因为如果你要高效率地经营这些企业，必须裁掉2/3或1/2的工人。[28]

印度的历史使其对外国投资持怀疑态度，在发展经济的问题上偏向采取内向型政策，注重依赖国内要素。但在一个各国相互依存、技术发展迅猛的世界上，一味依靠自身力量是行不通的……印度的历史给其带来的第二个遗产就是过于注重公平分配……在早期发展阶段，要把发展成果分配出去，就会降低资本积累，而资本积累是实现进一步增长所必需的。财富来自企业家精神，而企业家精神就意味着敢于冒险……要改善贫困人口的生活环境，唯一的方法就是先把蛋糕做大。过于注重收入均等化不利于激励那些有才华的、勤勉的人力争上游，不利于激励他们努力提升竞争力。[29]

印度选民缺乏经济方面的教育，这就使得印度领导人易于推行民粹主义的经济政策，进而扰乱了印度的自由化进程。国家利益常常让位于某些利益集团的特殊利益，很多急需的改革因利益集团的反对而陷入停滞。民粹主义的氛围下尤其盛行特殊利益。在过去20年间，印度实行了多种政策以提供价格低廉的食品、免费的电力以及补贴贷款……它们给整个经济造成了沉重的负担……福利与民粹主义的区别逐渐模糊。[30]

新加坡有三所印度人的学校，他们还要开更多，被我拒绝了。你要么上新加坡学校，要么回印度，因为即便他们（印度人）留下来成为新加坡的永久居民并服务新加坡，他们也不乐于融入新加坡，原因就在于他们接受的教育都是以印度文化为导向的……这些学校的教材都是以印度为导向的，学的知识都是印度式的，培养的情操以及其他一切都是印度式的。这就是问题所在。[31]

刚刚独立之际，印度有很多一流的大学。如今，除了屈指可数的几所顶尖大学（比如印度理工学院和印度管理学院）依然能在世界顶级大学排行榜上占据一席之地，其他学校都无法维持高水准。在政治压力下，印度大学根据学生的种姓或学生与议会成员的关系确定录取配额。[32]

在今后10年中，印度经济前景与中国相比如何？

不能把印度和中国相提并论，它们是不同的国家。这是否意味着印度是一个无足轻重的角色呢？不！印度的角色比东南亚国家联盟所有成员国的集体角色还重要！[33]

中印两国的制度不具有可比性……中国的国内生产总值是印度的3.5倍。印度的增长率是中国的2/3。但印度是个大国，在印度洋地区是一股起到平衡作用的力量。[34]

印度的经济总量能增长到中国的60%~70%……根据目前的预测，其规模不会更大了。但即便经济总量只有中国的60%~70%，印度的人口总数到2050年将超过中国人口总数，加在一起也是相当可观了，而且印度社会顶层有一些非常有能力的人才。[35]

然而，为什么中国的和平崛起会引发其他国家的担忧，而印度的发展则不会呢？是因为印度是一个存在多种政治力量的西方式民主国家，形成了一个内部相互制衡的体系吗？很有可能是这样，尤其是印度政府往往是由一二十个政党组成的联合政府……印度有能力以更好的方式在其国境之外更远的地方投射军事力量，但其他国家并不担心印度有侵略意图……当前，印度并不像中国那样对国际秩序构成挑战，而且在其基础设施达到一流国家的标准以及进一步推进经济自由化之前也不会构成这样的挑战。其实，美国、欧盟与日本之所以会支持印度，是因为它们想要一个更加平衡的世界，在这个世界上印度能与中国分庭抗礼……如果印度遥遥领先于中国会出现什么情况呢？到时美国和欧洲会支持中国吗？我对此表示怀疑。美欧对中国的发展依然有恐惧症，且不说它们对中国政府实行出版物审查制度强烈反感，仅仅是对某些政治事件的记忆就加强了它们这种恐惧。[36]

中国的注意力集中在美国身上，只是希望与印度保持距离。[37]

我不确定印度是否想从中国日益壮大的中等收入群体的消费需求中分得一杯羹，因为印度害怕同中国竞争。中国曾向印度提出一个自由贸易协定，但印度没有答应，因为如果印度同意了，中国商品就会进入印度，同印度本国商品竞争。[38]

只要存在自由市场的讨价还价，印度就必须学会出价比中国更高。中印两国不会打响战争。中国有冒险精神，比如，中国到了尼日尔，中国愿意拿自己的钱和劳动力冒险，依然认为这样做是有价值的。中国到了安哥拉和苏丹，中国还想同伊朗合作，中国正在和中亚的共和国交朋友。中国想要一个从哈萨克斯坦到中国的数千公里长的输油管线，而且乐于修建这样一条管线。这就是自由市场的竞争。我认为这并不是说“如果你同意把东西卖给印度，我就会打败你”，而是“无论印度卖给你什么，我会提供给你更多”。中国将根据规则出牌，而且坚信胜券在握。[39]

印度的民主模式对亚洲其他国家的意义有多大?

如果印度比中国取得的成就更大，那么意义就很大了，但实际并非如此。[40]

导致经济状况较差的政治体制终将被抛弃，取而代之的将是有助于提高效率的政治体制。[41]

民主不应该被用作惰性的挡箭牌。实行威权主义的政府把经济搞得一塌糊涂的例子很多，民主国家经济发展成就斐然的例子也很多。无论一个国家是搞民主治理还是搞威权统治，真正的问题在于该国的政治体制能否在促进经济增长、为所有人创造就业的政策上达成共识，能否确保得到基本完整的、一以贯之的落实。[42]

虽然在早期发展阶段，中国较为迅速地推行改革，占据了一定的优势，但长远来看，印度可能凭借民主与法治体制占有优势。[43]

如果中国的政治架构不进行调整以适应高增长率引发的社会变化，那么印度就会占据优势，因为从长远来看，印度的政治体制更加灵活。[44]

在亚洲，印度会成为中国的战略性对抗力量吗?

我希望印度尽早崛起为世界政治中的一个经济大国，其中也有出于自身利益的考虑。如果印度无法崛起，那么亚洲将会湮没。[45]

“李光耀强调了印度在这个地区存在的必要性，这种存在可以以多边安全机制的形式出现，也可以提出亚洲版的门罗主义，以阻止亚洲地区可能出现的侵略行为。他说选择印度作为中国的对抗性力量比较理想，因为印度的外交政策一直建立在平等基础上，而不是建立在强权关系上。他为印度设想的角色是亚洲的‘守卫者’，他敦促印度更加积极地关注东南亚小国的安全、政治稳定与经济发展。”（20 世纪 70 年代末西方大国撤走之后，桑纳达 · K · 达特瑞对李光耀在东南亚问题上的观点做出的评价。）[46]

韩国太小，越南太小，东南亚太分散，你需要另外一个大国维持平衡。[47]

谁是对抗性力量？日本不是……日本和美国加在一起会在经济和军事方面同中国抗衡，但由于美国在一两百年后主导亚洲的能力可能降低，那么在亚洲国家中谁又能同中国抗衡呢？印度正是最佳选择。[48]

印度军队（尤其是海军）成功实现了现代化，有能力维护自身安全。虽然中国在缅甸和巴基斯坦各建一个港口，但印度仍将在很长一段时间内主导印度洋地区。[49]

从地理角度上看，印度不适合太平洋地区。但美国和中国的角力场将是太平洋及印度洋，中国已经将其海军力量转移至印度洋，以保护其来自海湾地区的石油供给和来自非洲的大宗商品。在印度洋上，印度是重要力量之一，如果印度站在美国一边，美国将具备很大优势。因此中国必须加以应对，在缅甸和巴基斯坦修建港口。[50]

在东南亚地区，印度并没有产生很大的经济影响或地缘政治影响，因为这个地区的注意力集中在中国身上，中国是东南亚地区投射权力最多的国家。[51]

美印关系前景如何?

美印两国不会立即缔结战略伙伴关系以包围中国，即便两国形成了这种关系，印度仍将保持独立地位，仍将在中印利益交叉点上捍卫自身利益，并同中国合作。[52]

第五章

谁在威胁世界：伊斯兰极端主义的未来

Lee Kuan Yew

伊斯兰极端主义对西方构成了什么威胁？伊斯兰极端主义的根源是什么？伊斯兰教本身对伊斯兰极端主义的滋生具有哪些影响？伊斯兰极端分子的主要目标是什么？伊斯兰极端分子实现其目标的可能性有多大？哪些因素会影响伊斯兰极端主义的未来？温和的穆斯林在同伊斯兰极端主义抗争的过程中具有什么作用？伊斯兰极端主义对世界安全的威胁会持续多久？李光耀对这些问题的回答反映了一个事实，即新加坡的邻国有多个伊斯兰国家，新加坡是恐怖袭击的潜在目标。

伊斯兰极端主义对西方构成了什么威胁？

当今世界的主要分歧不是社会主义国家与西方式民主国家

的分歧，也不是西方与东方的分歧，而是伊斯兰恐怖分子与美国、以色列及其仆从者的分歧，以及伊斯兰极端主义与非极端的、温和的伊斯兰主义之间的斗争。[1]

我们现在面对的是一个在人类文明史上从未出现过的新形势，因为存在这样一群人，他们为了伤害别人，不惜毁灭自己。在他们之前，只有泰米尔伊拉姆猛虎解放组织会这样做，但该组织有明确的奋斗目标，那就是在斯里兰卡为泰米尔人建立一个家园。伊斯兰极端分子的目标却不同，因为他们是为了伊斯兰的宗教信仰而战。[2]

“基地”组织式的恐怖主义是一种新现象，具有独特性，因为它是全球性的。假如摩洛哥发生了一件事情，可能刺激到印度尼西亚的极端组织。世界各地的极端分子之间有一种共同的特征，那就是狂热。[3]

要遏制猖獗的伊斯兰极端主义恐怖活动，还需要很多年。同时，如果这些恐怖分子获得大规模杀伤性武器，会给世界带来极大的灾难。因此，必须阻止流氓国家的核计划，必须收缴它们库存的核武器与核材料。[4]

伊斯兰主义没有什么问题，但当前的伊斯兰极端主义却是个问题。如果没有伊斯兰国家，石油供应就会出现问题，但拥有石油资源的伊斯兰国家容易滋生不稳定因素。伊斯兰主义、石油与大规模杀伤性武器结合在一起，无异于一个重磅炸弹……伊朗如果获得核武器，必将打破地缘政治均势，中东地区的其他国家也将要求发展核武器，这就增加了用于制造大规模杀伤性武器的核燃料落入恐怖分子之手的概率。[5]

伊斯兰极端主义的根源是什么？

以色列与巴勒斯坦之间的冲突不是伊斯兰恐怖主义的根源。穆斯林（尤其是中东地区的穆斯林）都坚定地认为自己被西方国家压制太久了，而现在终于要迎来属于自己的时代。虽然 20 世纪五六十年代的泛阿拉伯民族主义思潮没有让伊斯兰世界团结起来，但当前狂热的伊斯兰主义却有可能使他们实现团结。[6]

伊斯兰教的激进思潮之所以愈演愈烈，在很大程度上要归因于全球化进程。在这个进程中，那些不太成功的民族被边缘化，他们缺乏安全感，感觉自己被世界疏远了。而且由于全球化主要由美国主导和推动，所以激进分子就把美国视为对伊斯兰世界的一大威胁，此外，美国坚定不移地支持以色列也加剧了他们对美国的仇视情绪。但即便中东问题得以解决，伊斯兰世界的恐怖主义还会继续存在。[7]

自以色列建国以来，中东地区的阿拉伯人受到的教育一直都是如何在学校里、在神学院里、在清真寺里仇视以色列人、仇视犹太人，而且媒体反复播放以色列军队武力侵犯巴勒斯坦领土的情景，这就加剧了阿拉伯人对以色列的仇恨。40 年来，阿拉伯国家的经济发展历程可谓一波三折。他们觉得自己一度辉煌的伊斯兰文明被以美国为主导的西方世界削弱了，被西方那种不合道德的文化侵蚀了，他们为此备感愤慨与耻辱……如果巴以冲突结束，那么极端分子们就失去了一件能够推动自身实现团结的事情。但在阿拉伯国家和信奉伊斯兰教的政教合一国家的武装集团衰败之前，阿拉伯国家和伊斯兰国家的军事集团，如伊斯兰祈祷团（Jemaah Islamiyah），还会继续招募极端分子。即便以色列与巴勒斯坦之间的冲突得到解决，美国及其西方盟友必须确保能够通过经济和军事等手段取缔伊斯兰世界的极端军事组织，以此让非阿拉伯国家的穆斯林清楚地看到走极端化、军事化的道路没有未来。[8]

过去 30 年，东南亚地区的伊斯兰的性质一直都在变化。

首要原因就是，1973 年，第一次石油危机期间，石油价格连续翻两番，自此，沙特阿拉伯一直乐于慷慨解囊，资助全球的伊斯兰传教活动，大肆修建清真寺、宗教学校，为世界各地的传教士提供资助，积极传播伊斯兰教瓦哈比教派的教义和行为方式。其次，1979 年，伊朗爆发伊斯兰革命，国内推行全盘伊斯兰化，这极大地强化了穆斯林对伊斯兰力量的信念。最后，20 世纪八九十年代，东南亚大批穆斯林参与了阿富汗的圣战运动，导致东南亚大量穆斯林走上了极端化的道路。[9]

我们曾经问穆斯林“为什么你们如此严格地遵循你们的宗教行为规范”，他们的回答是“我们受到较好的教育，因此更明白我们必须遵循什么”，但背后更主要的因素在于他们受到了来自核心伊斯兰世界（即中东地区的伊斯兰世界）的压力。由于沙特阿拉伯在世界范围内资助清真寺、宗教学校和传教士，出现了全球性的伊斯兰狂热，结果这些狂热分子就有可能被极端组织吸收进去，成为圣战者。“基地”组织以及各地的极端分子从清真寺里招募合适的人选，给他们洗脑，让他们相信为了世界上受压迫的穆斯林而战是优秀的穆斯林的义务，而且如果有必要，可以为这一事业献身，成为烈士。[10]

东南亚的穆斯林与其他地区的穆斯林有所不同，他们很随和、很好相处。然而，刚刚过去的 30 多年里，由于石油危机和石油美元逐渐成为伊斯兰世界的主要元素，极端分子在全球积极传教、修建清真寺和宗教学校、派遣传教士、举办各种宗教会议，宣扬瓦哈比教派的教义和习俗……伊斯兰教的传教活动呈现出全球化、网络化的趋势。这些传教士逐渐说服了东南亚的穆斯林，其实也说服了世界各地的穆斯林，让他们相信沙特阿拉伯的伊斯兰教才是正统的伊斯兰教，信奉这种伊斯兰教的穆斯林才是好的穆斯林。[11]

伊斯兰教本身对伊斯兰极端主义的滋生具有哪些影响?

穆斯林想同化我们，但我们并没有试图同化他们……他们其实对自己也没信心，不敢给我们提供其他的选择。[12]

塞缪尔·亨廷顿曾经送给我一份他在《外交事务》（*Foreign Affairs*）上发表的名为“文明的冲突”（Clash of Civilizations）的文章。后来，我见到他时就说，看，只有涉及穆斯林时，我才能同意你的观点……无论是印度教，还是中国的儒家思想，抑或日本的神道教，其实都或多或少具有一些世俗化的特征，因为它们都知道如果你要实现进步就必须掌握科学和技术……但穆斯林却坚定地相信如果自己掌握了《古兰经》的内容，并愿意按照穆罕默德所说的去做，自己就能成功。因此，我们很容易就能预料到他们会引起麻烦，实际上也是如此。[13]

温和的穆斯林不会给社会制造麻烦，但世界上的穆斯林太分散，差别太大了……伊斯兰是排外的。[14]

伊斯兰极端分子的主要目标是什么？

伊斯兰教教徒们认为重建伊斯兰全球主导地位的时代已经到来。他们中的圣战主义者把第二战场选在了伊拉克，他们的目标就是把美国驱逐出伊拉克，正如他们当年把苏联驱逐出阿富汗一样……几个国家的伊斯兰极端组织都想制造文明冲突，石油赋予了他们力量。[15]

奥萨马·本·拉登想要实现的目标就是获得海湾地区的所有石油资源，建立塔利班式的政权。然后，他就可以遏制那些工业化国家，这些国家包括信奉基督教的欧美国家以及日本和中国。再接着，他们就能把伊斯兰的权力扩张到整个世界。[16]

伊拉克的形势导致恐怖主义更加严重了吗？短期来看，的确如此。但即便伊拉克的形势没陷入混乱，恐怖主义也会愈演愈烈。在伊拉克战争爆发之前，新加坡、印度尼西亚、菲律宾、西班牙、荷兰、英国以及其他许多国家的圣战主义者都准备好了为他们的伊玛目献身。圣战主义者想摧毁以色列，把美国驱逐出海湾地区的产油国。这种固有的思想一直在发酵，与美国在伊拉克或阿富汗的行为无关。滥杀无辜平民非但不会让世界信服，反而会引发全世界的反对，包括伊斯兰国家都会反对。只有圣战主义者以及他们的传教士意识到这一点，自杀式袭击才会停止，否则还会持续很多年。[17]

伊斯兰极端分子实现其目标的可能性有多大?

基地组织之类的伊斯兰极端组织相信，通过反复制造大规模的自杀式袭击事件，他们可以把美国人赶出中东，可以摧毁美国、恐吓欧洲，因此就能保持伊斯兰世界的纯洁和虔诚，就像 7 世纪那样。但他们不可能实现这个目标，因为技术不断发展、不断地改变我们的经济和生活方式，无论我们是基督教教徒、穆斯林、犹太教教徒、佛教教徒、印度教教徒、无神论者或不可知论者，都无法逃避技术发展的影响。[18]

我没有看到伊斯兰极端分子获得胜利的迹象，他们所说的胜利就是把他们的极端体制强加给其他人。我只看到他们让别人产生恐惧，让别人丧失安全感，但他们的技术水平和组织水平都不足以打败任何一个国家的政府。[19]

他们想要建立一个由马来西亚、印度尼西亚、菲律宾南部以及新加坡组成的伊斯兰王国。这是荒谬的、无法实现的……泰国、马来西亚或菲律宾的穆斯林怎么可能放弃自己的权力、把主权拱手让给这样一个神权国家呢？这可能要过二三十年才能见分晓，但建立统一的神权国家的想法肯定会落空。伊斯兰世界接二连三的失败终将表明，神权国家如同乌托邦式的国家，只是海市蜃楼。[20]

伊斯兰恐怖分子将逐渐丧失让欧洲、美国产生恐惧感的能力，因为这些国家已经采取了有力的、全面的措施反击他们……如果欧洲和美国的穆斯林不和极端分子撇清关系，不把他们中间的极端分子揭发出来，那么周围的人就会害怕他们、排斥他们，他们也就很难找到好工作。在伊斯兰国家，温和的穆斯林压制住极端分子只是一个时间问题，否则他们的国家就会出现像阿富汗那样的塔利班政权。[21]

奥萨马·本·拉登被杀之后，伊斯兰极端分子的活动已经乱了阵脚，极端组织开始各自为政，因此恐怖活动更加多样、更加难以打压。但与此同时，乱如散沙的恐怖组织也无力再次筹划、开展“9·11”事件那种规模的恐怖袭击了。[22]

哪些因素会影响伊斯兰极端主义的未来?

从现在算起的10年、15年或25年后，伊斯兰极端主义问题是更加严重，还是有所缓解，取决于石油输出国的情况，尤其是沙特阿拉伯。[23]

如果对伊拉克乱局听之任之，那么各国将付出很大的代价，各地恐怖分子会因此更加肆无忌惮……几年前，阿富汗的塔利班政权和萨达姆·侯赛因统治下的伊拉克对伊朗起到了遏制作用。现在，塔利班沉渣泛起，如果塔利班在阿富汗或巴基斯坦获得最终的胜利，将在整个伊斯兰世界产生巨大的影响，还将影响穆斯林之间关于伊斯兰未来的大讨论。如果这样下去，伊斯兰教文明将打败现代文明，首先是在苏联，然后就是在美国。这将产生深刻的影响，对打击恐怖主义的斗争产生的影响更加深刻。[24]

如果美国过早地撤出伊拉克，就意味着屈服于伊拉克的极端分子，那么各地的圣战主义者将更加大胆地向美国及其盟友发起攻击。在阿富汗打败苏联以及在伊拉克打败美国之后，他们就会相信自己能改变世界。更糟糕的是，如果伊拉克爆发内战，将破坏整个中东地区的稳定，因为它会把埃及、伊朗、约旦、黎巴嫩、沙特阿拉伯、叙利亚以及土耳其都牵连进去。[25]

如果美军因为恐怖袭击而仓促撤离伊拉克，那么伊斯兰世界的恐怖分子就会认为这是自己的胜利。就像当年越南人赶走美国人后集中力量建设社会主义一样，伊斯兰极端分子也会努力在全球各个角落驱赶美国人。如果他们成功地恫吓住了在伊拉克的美国人，他们建立伊斯兰神权国家的热情必将达到新的高潮。[26]

温和的穆斯林在同伊斯兰极端主义抗争的过程中具有什么作用？

只有穆斯林能赢得这场抗争。温和的、具备现代化思维的穆斯林、政治领袖、宗教领袖以及民间领袖必须共同参与对原教旨主义者的抗争，而且那些强大的发达国家也可以提供一些帮助。北约国家必须提供坚实的后盾，必须让现代化的穆斯林感觉到美国及其盟友会为其提供必要的资源、能源和支持，帮助其赢得这场抗争。没有人想跟输家站在一起。[27]

只有那些温和的、以现代化的观念对待生活的穆斯林才能同原教旨主义者作斗争，以赢得穆斯林灵魂的控制权。穆斯林必须抵制恐怖主义式的意识形态，这种意识形态是以曲解伊斯兰教教义为基础的。如果信奉原教旨主义的伊斯兰恐怖分子想按照自己的想法建立伊斯兰国家，他们肯定会力图取代现有的穆斯林领导人，到那时，所有人都必须联合起来同这些恐怖分子作斗争。[28]

我所说的伊斯兰恐怖分子指的是伊斯兰祈祷团以及那些用圣战主义思想给人们洗脑的传教士，他们会无所不用其极地打压所有不认同自己的人。因此，他们的伊斯兰教教义是扭曲的，大部分新加坡的穆斯林都不认同这样的教义。我还要指出，我们的穆斯林领导人是理性的，要解决极端恐怖主义的问题，最终还是让温和的穆斯林获得足够的勇气，让他们能够站起来反对极端分子。这些极端分子歪曲了正常的伊斯兰教教义，招募一些志愿者来实现自身的暴力目标。（2005 年 7 月，李光耀在会见希拉里 · 克林顿和查尔斯 · 兰格尔时否认伊斯兰教是一个“充满仇恨的宗教”。）[29]

乍一看来，这场抗争的一方是伊斯兰世界的极端分子，另一方是美国、以色列及其西方盟友。但如果你深入观察，就会发现这场斗争本质上是极端的穆斯林和理性的穆斯林之间的斗争，是信奉原教旨主义的穆斯林和具有现代思想的穆斯林之间的斗争。[30]

归根结底，这是一场复古派和现代派之间的斗争，复古派希望伊斯兰教能回到 11 世纪的模样（当时穆斯林与世隔绝、自我封闭，拒不接受新思想），现代派则希望看到一个与 21 世纪的新形势相适应的、现代化的伊斯兰教。如果西方国家能重拾冷战期间表现出的团结，达成共识，联合日本、中国、俄罗斯以及希望实现社会现代化的穆斯林，那么我们就有足够的信心和勇气战胜极端分子，阻止他们培养更多的恐怖分子。[31]

伊斯兰世界的温和派力量不够强大，无法同极端分子抗衡，无法在清真寺、神学院同极端分子展开论战，因此他们就是在回避问题，结果不仅让极端分子曲解了伊斯兰教教义，还绑架了整个伊斯兰世界。[32]

大部分穆斯林与恐怖主义和极端主义没有关系。然而，好战的极端组织却绑架了伊斯兰，使之成为自己的驱动力，并恶意地曲解了伊斯兰教教义。在整个伊斯兰世界，极端主义者分散在世界各地，通过暴力手段推行歪曲的伊斯兰教教义，而大部分穆斯林则陷入了两难境地：一方面，他们同情巴勒斯坦，反对以色列；另一方面，他们期待过上经济增长和不断进步的和平生活。要解决恐怖主义的问题，美国和其他国家必须支持宽容的、非极端的穆斯林，这样他们才能在同极端分子抗争的过程中逐步占据上风。[33]

要阻止极端组织继续招募恐怖分子，美国和欧洲必须揭露极端分子的意识形态的真实面目，这种意识形态就是对《古兰经》的断章取义，宣扬仇恨非穆斯林群体，试图通过暴力手段传播伊斯兰教。那些试图融入现代科技社会的穆斯林必须抵制这些极端分子，阻止他们宣扬暴力和仇恨，必须让穆斯林学者和宗教导师宣扬伊斯兰教是一个和平的宗教，不是恐怖的宗教，宣扬伊斯兰教能够包容其他民族和信仰……在穆斯林人口较少的国家，比如英国，穆斯林必须立场鲜明地反对伊斯兰恐怖分子……在巴基斯坦和伊拉克这样的穆斯林人口较多的国家，穆斯林将被迫做出选择：要么抵制极端分子，要么眼睁睁地看着他们的现政府被推翻，看着本国人民被拖回到封建时代，正如阿富汗的塔利班政权所做的那样。[34]

美国必须采取更具多边性的手段隔离极端组织，团结欧洲、俄罗斯、中国、印度、所有非穆斯林的政府以及温和派的穆斯林来完成抵制极端分子的事业。有必要建立一个世界性的同盟抵制伊斯兰极端分子宣扬的仇恨思想。如果温和派的穆斯林政府（比如印度尼西亚、马来西亚、海湾国家、埃及和约旦的政府）都乐于同多边性的世界同盟联手应对恐怖主义，那么形势就不利于极端分子了。[35]

考虑到长期成本的分担问题，美国要建立一个广泛的同盟，由各成员国平摊成本，避免自身承受过重的负担。美国需要让其他国家对抵制极端分子的事业产生认同感，并乐于共同寻求解决之道。极端分子不只造成贫困，还力图实现阿拉伯复兴和伊斯兰的高傲地位，而且坚信自己的时代已经来临。因此，要抵制他们，必须说服温和派的穆斯林，使他们相信他们不会输掉这场斗争，他们背后有整个世界的支持，为他们提供能量和资源。他们必须有勇气到清真寺去、到神学院去，同极端分子抗衡。[36]

伊斯兰极端主义对世界安全的威胁会持续多久？

自 20 世纪 70 年代以来，伊斯兰恐怖主义持续发酵，不可能轻易地或很快地就被清除得一干二净。应对恐怖主义是一个漫长而艰巨的事业。在未来很多年里，恐怖分子、大规模杀伤性武器以及以色列和巴勒斯坦之间的冲突将继续对世界构成威胁。[37]

今后很长一段时间内，伊斯兰恐怖主义仍将是一个问题，而且无论是谁赢得了美国总统大选，这个问题都不会消失。[38]

伊斯兰恐怖主义的问题将无法轻易解决……必须鼓励温和派穆斯林站起来反对极端主义者，他们需要对自己有信心。我们正在接近临界点，但我不知道这还会持续多久……伊斯兰恐怖分子将继续使用暴力手段，直至亲眼见到自己的方法不奏效为止。如果他们在伊拉克成功了，他们将努力推翻其他国家的世俗政府，比如印度尼西亚的政府。[39]

美国人犯了一个错误，即试图以军事手段寻求解决方案。使用武力是必须的，但武力只能解决表面问题。杀掉恐怖分子，你只是杀掉了工蜂，蜂王是那些传教士，他们在学校和清真寺里宣扬扭曲的伊斯兰教教义，污染并俘虏了年轻人的心灵……恐怖分子说："我乐于献身，之后还会有千千万万的后来人。"[40]

巴基斯坦与恐怖主义的关系将存在很长一段时间。我的担心是巴基斯坦的形势可能恶化。[41]

第六章

新加坡为什么如此成功：经济增长的未来

Lee Kuan Yew

新加坡只用一代人的时间就从第三世界跻身第一世界，给我们留下哪些启示？国民经济增长与国民竞争力的主要驱动因素有哪些？价值观等隐性因素在促进增长、提升竞争力中发挥了什么作用？新时代的工人应该具备哪些核心竞争力？李光耀对这些问题给出了深刻独到的答案。

新加坡只用一代人的时间就从第三世界跻身第一世界，给我们留下哪些启示？

我对新加坡人的定义就是无论是谁，只要加入了我们，就是我们中的一员。这是一种美国式的理念：你可以保留你原来的名字，只要你来了，加入了我们，你就是美国人。我们需要人才，所以我们接纳他们。新加坡人也必须让这种理念成为自己的典型特征。[1]

一开始，我面临的问题是：夹在自然资源和人力资源更加丰富、生活空间更加广阔的邻国之间，新加坡如何生存下去？新加坡如何才能使自身不同于邻国呢？它们的体制不清廉，我们要清廉；它们的法治一塌糊涂，我们要厉行法治。一旦我们达成一份协议或做出一个决定，我们就要坚守下去。我们要给投资者创造一个可靠、可信的形象。我们要有世界级的基础设施、世界级的服务人员，所有人都接受英语教育。海空运输良好，电缆、卫星通信良好，现在还要有良好的互联网通信。[2]

搞改革不要操之过急。没有人愿意丧失自己的种族、文化、宗教甚至语言属性。作为一个国家，要想生存下去，你需要具有某些共同的属性，具有一些相同的东西。如果你改革步子迈得太大，就会招来问题，要慢慢地、稳步地推进。如果我把英语强加给所有新加坡人，那我就会四处碰壁。如果我试图把汉语强加给所有人，那么我也会立即遭到抵抗、立即遇上麻烦。但我给每位家长提供了一个选择，让他们自己决定让孩子学习英语还是学习他们的母语。通过他们的自主选择，再加上市场机制在过去30年间的推动，我们最终确定了以英语为第一语言、以汉语为第二语言的格局。我们已经成功地把以汉语为教学语言的大学转变为以英语为教学语言的大学。如果我非要在5年或10年的时间里完成这项变革，而不是通过自由选择在30年内完成，那么就会带来灾难。[3]

大多数第三世界国家的失败都是因为它们的领导人在刚刚获得独立后那段时间，也就是20世纪60~80年代，刻板地坚持风靡一时的社会制度，加强对经济的干预，希望以此加快发展步伐。他们采取的干预性经济政策导致了资源错配，增加了官员贪腐的机会。苏联解体后，这种理论被推翻了。如果当时这些国家的领导人坚持维护社会秩序、给人民提供教育、维持睦邻友好关系、厉行法治、增强投资者的信心，那么国家没有道理不发展。[4]

国民经济增长与国民竞争力的主要驱动因素有哪些？

一个民族的生活标准取决于很多基本因素：第一，它的资源总量与其人口总数的对比情况；第二，技术与工业发展水平；第三，教育培训水平；第四，文化、纪律和劳动力水平。[5]

21 世纪，一个国家是否安全、能否增长，最关键的因素不是这个国家是不是民主，而是这个国家的人口因素……最欢迎移民的国家就会占有经济优势，但开放的移民政策也会带来一些风险，新的移民可能来自不同的种族，可能受教育水平偏低，也可能技术不熟练，等等。政府逐渐认识到，仅靠移民无法解决国家面临的一切人口难题，有必要采取更加主动的措施鼓励生育或计划生育。[6]

一个国家人力资源的质量是决定国家竞争力最重要的因素。一个民族的创新能力、企业家精神、团队合作精神以及职业道德使他们在竞争中占据明显优势。[7]

在这种竞争中，有三个关键性特征，即企业家精神、创新和管理。第一个特征是发现新机会并勇于冒险的精神，第二个特征是创造出能够增加价值的新产品、新流程，第三个特征是良好的管理。要实现增长，企业管理者必须开拓新市场、创造新的营销渠道。[8]

推动经济增长的是新知识、新科技以及企业家给市场带来的创新产品或服务。学者们是经济增长过程中的中流砥柱，但前提是他们必须动脑筋捕获和发现新知识，致力于科技研发、管理、营销、财政以及金融等急需掌握的新学科，而不是一味地研究适用性不强的古书、古代文章和诗歌。那些富有智慧、能够成为学者的人还应该成为投资者、创新者、风险投资者和企业家，他们必须把新的产品与服务带入市场，丰富世界人民的生活。[9]

全球投资环境正在改变。首先，技术进步与全球化的深入发展降低了外包的成本，弱化距离的影响，企业在进行国际化布局的过程中考虑的经济因素出现了变化。其次，技术与创新对经济发展的作用大幅提升。2000 年世界经济论坛竞争力排行榜就更加注重经济创新，当时的报告把那些创新型国家与那些仅仅接受他国转让技术的国家加以区分，这就表明投资者除了看重廉价劳动力，还非常注重技术创新能力，这关系到一个国家能否掌握尖端技术。最后，吸引投资的竞争加剧了。创新与技术的关键是人才，我们必须培养和造就人才，创新才能成为教育和培训的一部分。我们正在改革从幼儿园到大学的教育体制，进而养成终身学习的习惯，就是为了促进创新。[10]

随着产品、服务、资本和知识的流动性增强，全球化市场已经成型。这些新的变化加剧了区域市场的一体化进程。然而，为了在全球化过程中趋利避害，国家还必须确保它们的法律和制度能够促进上述因素的全球流动。法治占据根本性的地位，因为法治能够确保国家的稳定性及可预测性。此外，各国之间还会形成相似的法律法规管理贸易与投资，这有助于降低交易成本，使经济活动变得更加便利。历史上，罗马帝国与不列颠帝国就是很好的例子，这两个帝国都制定了全面的、统一的法律体系，保护其贸易繁荣了几百年。[11]

现在，企业要想确保自己的竞争力，必须在全球范围内搜罗人才、发现机遇。企业发明新技术，在全球范围内寻找合作伙伴，提高自己的能力。随着互联网拓展企业可以参与的市场空间，亚洲企业必须在这个新平台上参与竞争，否则就会被打败。企业如此，国家也是如此。国家必须在全球范围内搜罗人才，欢迎外国人才。成功的社会就是能轻而易举地同化外国人的社会。硅谷就是这样一个地方，它不仅不存在肤色和种族歧视，一切唯才是举，而且具有吸引新人加入的能力。亚洲的商人必须学习这些特点，才能成为全球化的精英人才。[12]

趋同与竞争会导致企业与产业出现变化。跨国企业要在知识型经济下获得全球竞争力，必须成为一家能容纳多元文化的企业。只从一种文化中汲取经验的企业注定会在创新中失败，那些极富创新文化与创新思想源源不断的企业才能大步向前……要在全球范围内获得竞争力，企业必须重用业务所在国的人才。企业需要在全世界搜罗最好的人才，将其任命到重要岗位上……管理大师彼得·德鲁克曾经预言，接下来这个世纪，企业运作方式的最大变革就是日益以合作伙伴为基础，而不是以所有权为基础。[13]

新加坡必须尽可能地继续吸引来自中国、印度等亚太国家和来自发达国家的人才，吸引他们加入我们的团队。没有外来人才的涌入，即便是美国也不会如此成功。美国的原子弹研制成功在很大程度上归功于在希特勒执政的20世纪三四十年代逃往美国的欧洲人才，甚至美国的太空计划能够启动也要归功于德裔火箭专家沃纳·冯·布劳恩。沃纳·冯·布劳恩在“二战”中发明了飞行炸弹，战争结束时被美国军队俘虏，并被带到美国。自那时起，每年，成千上万的有才华的专业人士、学者、研究人员和作家都在美国的吸引下从英国和欧盟来到美国，因为美国欢迎他们并给他们提供研究设施，或者因为他们在美国可以在商业上取得更大的成功。这增加了美国的成就。如果拥有2.8亿人口的美国能通过人才兴国，那么拥有300万人口的新加坡也要这样做，不然新加坡就会沦落为二流国家或三流国家。[14]

新加坡只有 300 万人口。小山脉不可能达到珠穆朗玛峰的高度，除非你的民族像以色列的犹太民族那样特殊，否则你就需要有一条绵延的山脉。以色列有 400 万犹太人，但他们的智慧足以和一个 4 000 万人口的民族匹敌。每个人都知道上海人非常聪明、机智，但很少有人知道为什么。这是因为在 150 多年里，自从成为通商口岸，上海就吸引了来自长江三角洲、浙江、江苏以及其他省份的人，这些人雄心勃勃、精力充沛且富有才华，网罗人才数量达两三亿。虽然上海籍的领导人数量不及北京，它的人才数量却是很充足的，因为它依赖的不只是这个城市本身的 1 200 万人口。[15]

很多工业国的工人注重生产效率，取得了令人瞩目的成就，比如日本。而欧洲的一些工业国却受制于工会的消极态度，结果可悲地走向衰落，比如英国。这些国家给我们提供了可贵的经验与教训。新加坡必须从中学习，必须记住一个简单的事实：除非我们通过教育和培训提高自我并注重提高生产效率，否则我们的未来就得不到保障。[16]

眼红是不可避免的，但考虑一下另外一种情况，也就是放缓增速。由于全球化进程，高端和低端之间仍然有差距，但我们都更穷了，对吗？我看不出来遏制增长会有什么好处，因为到时候仍然会引来他国嫉妒的目光。[17]

价值观等隐性因素在促进增长、提升竞争力中发挥了什么作用?

在衡量生产率和竞争力时，除了存在标准的经济尺度外，一些隐性因素（比如文化、宗教和其他民族特征与民族气质）也会对结果产生影响……如果一个现代经济体想要成功发展，那么这个经济体内的所有人都要接受良好的教育……中国建立的基础设施比印度好得多……中国政府在其治理体系和公共政策中条理清晰地采取了最佳做法……归根结底，一个国家能取得多大的发展和进步取决于领导者是否具有创新能力，是否愿意从其他民族那里借鉴经验，能否通过高效的公共服务体系迅速而坚决地落实好的想法，能否让大多数国民相信进行艰难的改革是有价值的。[18]

创新精神和企业家精神比技术能力更重要。在技术变革令人惊讶的时代，具有企业家精神的人才会时刻准备好抓住新机遇，才能创造新思想、创立新企业，才能实现大发展。普通的商人只要好好学习别人的经验就能过上富足的生活，但只有那些具备创新精神和企业家精神的商人才能获得丰厚的回报。[19]

你从哪里培养企业家呢？从戴着礼帽的贵族中培养吗？新加坡缺乏具有企业家精神的人才……我们必须开始探索。我们已经做了一些简单的事情，比如给空白的大脑灌输知识，使其变得易于接受培训。现在我们面临的是那部分困难的任务，即让有文化的大脑变得更有创新能力、做事更有效率。这并非易事，需要改变固有的思维，接受一套完全不同的价值观。[20]

那些能够使工人提高做事效率的习惯都是家庭、学校及工作场所灌输的价值观带来的结果。这些价值观必须得到社会态度的强化。一旦这些价值观确立下来，就像一个社会所说的语言那样，这些习惯就会根深蒂固、自我强化……我震惊地发现新加坡的工人中有55%的人仍然承认担心自己的工作做得好会遭到其他同事的排挤。只要这种只求平庸的态度存在一天，就无法提高工作效率。这种观点认为好工人就是不为人先的工人，这是一种消极的态度。新加坡人必须明白，如果每个工人都努力发挥最佳水平，并通过自己的成绩鼓励同事做得更好，那么他们的集体利益就会增加。要想改变消极的态度和价值观，最好的办法就是经理们和基层管理者们率先垂范。那种认为经理就是压榨工人的思想在今天的工业气候中已经行不通了。同样过时的还有管理层的一种观念，即工会是制造麻烦的，这些都是陈旧的观念。如果我们要在管理者、工会成员和工人之间打造相互信任的关系，就必须摒弃这些固有的偏见。[21]

我们已经关注了新加坡的基本情况。我们通过各个家庭的努力推动经济增长，把个人及其家人的雄心融入新加坡的整体规划中。比如，我们竭力通过教育改变孩子们的命运。政府可以创造一个适当的环境，让人们快乐地生活、实现成功并自由地表达自己的观点，但最后国家经济是成功还是失败，取决于其国民会采取什么样的行动。我们很幸运，因我们的文化背景很好，我们崇尚节约、勤奋、孝顺和忠于家庭，最重要的是我们尊重学问和学习。当然，我们的成功还有另外一个原因。新加坡之所以能实现经济的快速增长，是因为我们在从农业社会向工业社会转型的过程中实现了某些变革。我们知道效仿西方和日本会有什么样的结果，它们给我们提供了前车之鉴。[22]

要想解决新问题，语言和文化必须改变。实际上，语言和文化是否具有优势，取决于它们能否帮助人们灵活地应对变化的环境。比如，从 1868 年明治维新至今的一个多世纪中，日本的语言和文化已经发生了很大的变化，适应了新形势的需要。日本人成功地采用了西方的科学与技术，因为他们在语言和文化的问题上很灵活、很务实。他们借鉴了西方的新制度和新思想，他们实行了全民教育，设立了两院制的议会，实行了法典，根据德国与英国的模式改革了陆军自卫队和海上自卫队。他们自由地采用西方词汇，给日语注入了活力。在“二战”战败之后，在美国占领日本期间及结束占领之后，日本吸收借鉴了很多美国的词汇，正如日本曾经借鉴中国的发明（如算盘）并加以改进一样。[23]

新时代的工人应该具备哪些核心竞争力？

与那些重复性的、依靠机器的时代不同，明天的工人必须更多地依靠自己的知识和技能。他们必须管理自己的控制系统，自我监督并承担改进自我的职责。他们必须接受良好的训练，能独立思考，并寻求取得卓越成就的机会。新经济形势下的工人不能满足于被动地解决问题以及完善固有的知识，他们必须具有企业家精神和创新精神，必须一直寻求新的工作方式，创造额外的价值，获取非同寻常的优势。[24]

今天，因为英语能力不仅仅是一种竞争优势，所以很多国家都在努力让孩子们学习英语。在21世纪，这是很多孩子想要具备的技能……如果一个人想成功，就要掌握英语，因为这是一门在国际舞台上从事商业、科学、外交和学术活动时通用的语言。[25]

第七章

世界大势浩浩荡荡：

地缘政治与全球化的未来

Lee Kuan Yew

在今后10年间，世界面临的最大问题将有哪些？俄罗斯的长远前景如何？巴西、俄罗斯、印度与中国，即金砖四国，会组成一个集团并具备极强的影响力吗？东南亚国家联盟今后会作为一个集团获得影响力吗？可以从全球金融危机中吸取哪些教训？全球化带来了哪些机遇和挑战？在全球化方兴未艾的世界上，个人、企业及国家如果想成功，应该何去何从？全球化可以逆转吗？本章为您呈现李光耀针对这些问题给出的直接而深刻的答案。

在今后10年间，世界面临的最大问题将有哪些？

第一，欧元区的问题。如果希腊债务危机不能得到妥善处理，那么将影响到葡萄牙、西班牙和意大利，到时候产生的连锁反应不仅损害欧洲经济，美国和中国也将被拖累。

第二，老生常谈的朝鲜问题。年轻人金正恩已经接掌朝鲜，正努力向世界表明他和他的前任一样勇敢、一样富有冒险精神。

第三，日本的经济滞胀间接地影响到整个亚太地区。日本社会的老龄化问题使其经济无法腾飞，而且日本为了保持民族血统纯正也不接受移民。

第四，伊朗核问题有可能导致中东地区爆发冲突，将对市场造成灾难性影响。伊朗的核计划是当前世界最有可能应对不力的挑战。中国与俄罗斯不太可能履行联合国对伊朗的制裁，而且如果伊朗觉得它们以后仍然不会履行该制裁则会受到鼓舞，继续制造核弹。到某一时刻，以色列无论是否获得了美国的支持，都不得不决定是否尝试摧毁伊朗防御坚固的地下核设施。如果伊朗有核弹，那么沙特阿拉伯将从巴基斯坦购买核弹，埃及人将从某个人手里购买核弹，到时中东地区就核武化了。[1]

俄罗斯的长远前景如何?

俄罗斯的未来与10年前没什么差别，甚至与20年前苏联解体时相比也没有什么差别，只是无力控制高加索、哈萨克斯坦的能源资源了。如果无法出口能源和自然资源，它将丧失发展经济和创造财富的能力。

俄罗斯人口正在减少，具体为什么不清楚，但酗酒肯定对此有影响，消极情绪、生育率下降及预期寿命缩短也有影响。普京面临的挑战是让俄罗斯人对未来充满信心：停止酗酒、努力工作、建立幸福的家庭，并生育更多的子女。

西伯利亚与海参崴的中国人越来越多。黑龙江的拐弯处将再次有中国人居住。俄罗斯人可能突然认为未来是有盼头的，可能会给这个世界带来更多的孩子，扭转人口变化趋势，但我认为近期不会出现这个转变。[2]

如果俄罗斯能改进自己的制度，将取得更大的成就。俄罗斯的制度运转不灵了……因为已经乱套了。俄罗斯失去了对多个行政区域的控制……它有一个很大的核武库，但其他方面呢？俄罗斯的军队现在已今非昔比……它的人口正在减少……每年，俄罗斯的死亡人数高于出生人数，因为人们对未来持悲观态度。在美国，人们是乐观的，会说我要生孩子。但当你的生活非常艰苦，偶尔石油价格上涨，生活才能改善一下，但好景不长，又回到了原样，你对未来的看法就会有所不同。[3]

巴西、俄罗斯、印度与中国，即金砖四国，会组成一个集团并具备极强的影响力吗？

作为起到抗衡作用的力量之一，金砖四国的确会产生影响，它们将能够阻止美国和欧洲的过分行为，但它们不会组成一个集团。金砖四国是不同的国家，分散在不同的大陆上，只是碰巧经济增长速度快于它们所在大陆的其他国家，于是就有人说：为什么不把它们拉到一起，使其成为一支全球性力量呢？的确，中国会从巴西购买大豆。中国是一个正在增长的国家，需要资源，也能够支付得起。但中国和印度的梦想是不一样的。[4]

东南亚国家联盟今后会作为一个集团获得影响力吗？

是的，但很慢，因为它们内部尚未就建立共同市场、整合资源、根据各地区比较优势吸引投资的问题达成共识。它们缺乏信心。泰国由于他信·西那瓦和君主制度陷入了一些麻烦。越南仍然对中国很警惕。柬埔寨需要很久才能恢复过来。缅甸现在看起来要搞开放，但想想它的起点：它封闭的时间太长了，其局面已经糟糕透顶。[5]

要想在东亚经济和政治演变过程中处于中心地位，东盟必须拿出紧迫感，提高一体化程度，否则将被边缘化……东盟缺乏战略重要性。[6]

夹在中国和印度这两个大国之间，东盟国家不得不整合市场，参与竞争，维持其影响力。[7]

可以从全球金融危机中吸取哪些教训?

爆发全球金融危机的原因有二：其一，宽松的监管制度；其二，人们认为完全自由的市场能够大力推动创新，把资本配置给赢利能力最强的企业，产生最大的回报。一旦美联储主席决定停止监管金融衍生品，那么金融危机的导火索就被点燃了。一旦你发现你可以把好资产和坏资产捆到一起，把风险转嫁给整个欧洲及世界其他地区，那么你就开始陷入一个庞氏骗局，而这个骗局终将结束。金融机构的工作就是实现利润最大化，因此，仅仅谴责银行家和拿走利润的人是没道理的，是你允许他们这样做的，他们也是在规定范围内做事的。[8]

自由的企业引发了这场危机……政府必须承担主要责任，纠正制度，然后改善私营企业的处境，使其继续运转。但是，如果你把钱投入这些银行和其他企业之后，又说你不能支付这么多奖金，即便股票期权也不行，那么你就违背了美国的自由企业制度。这个制度之所以一直运转良好，是因为你给那些帮助企业成功的人提供了奖励。[9]

我们知道，这样的经济衰退肯定会时不时地发生。这符合西方世界自由市场的本性，我们的经济也正在陷入这样一种市场制度。人和制度都容易被繁荣景象冲昏头脑，投资者变得贪婪，疯狂购买，相信价格只会一路走高。当价格下降时，投资者发现他们损失了一大笔钱，绝望和沮丧便接踵而至。[10]

在当前这场经济危机爆发之前，这个世界都不会对“华盛顿共识”提出挑战。它认为，英国的经济模式在配置金融资源、实现最高收益方面是最有效率的。美国市场模式不再被视为理想的市场模式。中国自信地认为政府最好控制、管理经济，中国现在放缓了开放其封闭的资本市场的步伐，以避免投机性外国资本的大规模流入和流出。[11]

只有中国、印度这样的人口众多的大陆国家才能提振国内消费，以避免受到当前经济动荡的影响。[12]

全球化带来了哪些机遇和挑战？

人类历史的一个阶段已经结束，新阶段的发展将令人激动。引发市场全球化的举措就是 1991 年 3 月美国国家科学基金会允许了互联网的私有化，当时人们并没有意识到互联网将变成一个多么有力的工具，它提高了生产效率，使个人和企业能进行跨国沟通，并创造了一个全球性的知识界和全球性的市场。[13]

全球将出现多个经济力量中心，它们是“处在十字路口的城市”，在这些城市里，来自不同地区的人员、思想与资本不断地汇集、交融并相互影响。这些城市是孕育新的知识、产品与服务的地方。[14]

全球化的力量在十几年前（即 1997 年 7 月）的股市得到

了展现。亚洲金融危机爆发后，几天内，整个地区的新兴市场都受到影响……人类生存面临的终极威胁是全球变暖与气候变化，数百万甚至数十亿人的居住地可能遭受破坏……各国将争夺冰层下的财富……如果海平面上升，将淹没数百万人的家园，如果喜马拉雅山脉和安第斯山脉的冰川融化，就会导致数百万人没有足够的饮用水，人类生活将被打乱。[15]

人通过技术征服自然，技术永久性地改变了世界，其影响力远远超过了政治领域、意识形态领域的变革……对你们这一代人的生活影响最大的因素就是科技变革的速度不断加快。人们的身体将更健康，寿命也会更长，因为人类基因组图谱已经绘制出来，在今后数十年间，生物技术领域的新发现将层出不穷……世界上可供消费的食物和其他商品会更多。贸易和投资将在全球范围内扩张，新兴国家的消费水平将越来越高……人口增加有利于经济增长和繁荣，但人口数量上升就会产生严重的问题：全球变暖；海平面上升；空气中的二氧化碳等温室气体改变了世界各地的气候，导致冰盖融化。人口密度增加之后，就会争夺全球有限的空间、有限的资源，尤其是石油，进而导致摩擦与冲突频发。还有其他深层次的、永久性的问题，包括艾滋病、贩毒、非法移民和全球犯罪集团，它们是全球化世界的一部分，就像全球恐怖主义一样。[16]

当今世界，希望与威胁并存。新技术、即时通信与快速交通已经把世界各地联系在一起，每个人都能迅速获得世界资讯。移民规模逐渐增大，较贫困国家的数亿人正在迁往较富裕的国家，以期寻找更好的生活。目前正在发生伟大的变革。固有的强势权力（如美国与欧盟）必须接纳新兴权力（如中国、印度、俄罗斯和巴西），其他许多发展中国家正在努力追赶。与此同时，每天排放的二氧化碳越来越多，全球变暖愈演愈烈，气候变化将以我们无法预知的方式深刻地改变我们的居住环境。[17]

过去几年里，技术进步非常迅速，加快了全球化步伐。随着电信技术的跨越式发展及互联网信息技术的创新，世界变得越来越小，地理距离、时差与国界再也不会对信息自由流动构成障碍了。现在，再也不需要为了获得新思想而长途跋涉。在任何地点、任何时间，轻轻地敲击键盘，大量信息就能即时传播。信息技术革命趋势将改变社会的性质，改变我们的生活方式、工作方式和休闲方式……如果有些国家因为担心技术产生的副作用而拒绝技术进步，那么它们必将是输家。无论好坏，我们必须抓住信息技术革命带来的机遇，但要尽力避免副作用……人们必须掌握一流的技术，但永远不能丢失自己的价值观。科技对未来进步具有决定性作用，但不能利用技术打破家庭，家庭应培养孩子们强烈的社会责任感和辨别是非的能力。[18]

“二战”之前，世界贸易保护主义盛行，国际贸易在各个帝国的国境内才比较自由，这些帝国包括美国、英国、欧洲多国及日本。“二战”之后，美国决意打破帝国对贸易的限制,《关税及贸易总协定》应运而生。这一协定的宗旨是打破各国之间的贸易壁垒，促进国际产品与服务贸易。该协议非常成功……但谁也没有预料到通信技术与交通技术的进步推动了跨国企业的增长与拓展，这些跨国企业可以突破国界的制约从事产品制造与销售活动，其营销范围遍布世界各地……全球化（尤其是信息技术发展之后）使发达国家需要更多人才，这些国家便放松移民规定，提高了发展中国家的人才流动性……当前，在知识型经济中，要创造财富，人才是最稀有、最宝贵的资源……全球化的负面效应之一就是拉大了高知人群与低知人群的差距、城乡收入的差距，以及沿海省份与内陆省份之间的差距。高知人群可以在国家间自由流动，到发达国家挣得高收入，尤其是信息技术和互联网领域。低知人群流动能力较差，无法到工资高的发达国家发展。在一个以市场力量为驱动力的世界上，这种情况是不可避免的。[19]

这个世界同时存在着160个国家，关于如何维护和平与稳定并确保国际合作，并没有历史经验可以借鉴。在即时通信和快速交通时代，技术呈现飞速发展的态势，维护世界和平与稳定的问题更加复杂。在一个相互依存、相互联系的世界上，美苏两大集团主导能力的相对衰弱增加了出现多极世界的可能性，由此增加了多边合作的难度。[20]

在全球化方兴未艾的世界上，个人、企业及国家如果想成功，应该何去何从？

2001年，我出席福布斯环球总裁大会时就问了自己一个问题：当前，企业家精神、技术与企业领导力这三个因素与过去相比出现了什么变化？从根本上讲，企业家精神及企业领导力这两个因素并没有什么变化，而技术变了，变得令我们目不暇接。技术的变化要求企业家和企业领导者的思想和行为必须具有全球视野。他们不可避免地同他人在国际层面上开展合作与竞争，一家企业的竞争对手是同行业的所有企业，包括本国企业，也包括外国企业，因为所有竞争者都可以进入它所在的国家，同它竞争。只要竞争被限制在国内，每个国家都能培育出本国的冠军企业，培育出不同类型的企业家精神和企业领导力，形成不同的企业文化……但随着信息技术革命与世界贸易组织不断推进全球化进程，这种保护本国企业、排斥外国企业的做法还行得通吗？我相信，全球化会导致一个国家保护本国企业、培育冠军企业的做法越来越难。[21]

当前，如何适应全球经济均势的结构性转变是摆在各国面前的一个重大挑战。随着中国加入世界贸易组织，在全球经济中进行充分竞争，世界经济将出现重大变化。印度也不甘示弱……摆在我们面前的道路就是升级我们的教育、技能、知识和技术。在当前的知识经济中，因技术变革速度非常快，终身学习对每个人而言都是不可或缺的。那些教育水平不高的人、无法接受计算机技术再教育的人、无法每隔 5~10 年就学习新技能、获取新知识的人将发现越来越难找到工作，因为技术含量低的企业留在新加坡将成为一个不明智的选择。[22]

新加坡要想成功，必须成为一个世界性的核心国家，才能够吸引世界各地的人才、留住人才、消化人才。对于一些大公司，我们不能排挤它们。无论我们是否喜欢，它们的确正在进入新加坡。我们面临的选择很简单：要么我们拥有一流的航空公司、一流的船运公司和一流的银行，要么我们逐渐式微。在早期，我们做的一件事就是抵制住了第三世界的潮流，着力吸引跨国公司进入新加坡，而且我们这个做法是成功的。现在，我们必须再次抵制第三世界中民族主义沉渣泛起的潮流，让我们的视野与行为体现出国际水准……在培养自己的人才时，我们必须让他们同国际同行多接触、多交流，使其达到世界级人才的水平。我们也有一些非常优秀的人才被美国的主流企业吸引走了，这正是全球市场的一部分。[23]

在技术变革非常迅速的时代，美国人已经表明，哪个国家风险投资资本赞助的新企业多，尤其是信息技术产业的新企业，哪个国家就将是下一个历史阶段的赢家……日本人、韩国人和亚洲其他国家的人要在全球化市场中竞争，必须接受一些文化领域的根本变革。哪个国家能够培育出新型企业文化，能够吸引并留住其他文化背景的优秀人才，哪个国家就会占据优势。日本人和其他东亚国家的人具有种族优越感，其社会内部组织非常严密，不会轻易吸引外国人融入他们。而美国人由于具有不同的历史，能够轻易地吸引不同文化、不同宗教的人才加入他们的企业团队。因此，日本和其他东亚国家要想同美国竞争，必须先改变它们的文化态度。[24]

数字技术革命与通信、计算机、媒体的融合要求我们不能满足于效仿发达国家创新出来的软件。我们必须给具有企业家精神的年轻人提供空间和机遇，帮助他们创立自己的企业。政府必须推动风险投资基金的发展。在这方面，我们已经采取了一个安全稳妥、结构合理的方法。现在，新加坡的年轻人才在寻求独立时必须脱离社会保障体系的庇护，很多人可能跌倒，但他们必须自己站起来，必须接着尝试。国家的开放进程可能会让我们的社会变得更加残酷，我们面临的最严峻的挑战就是保护我们珍视的价值观……如果你想在现代世界蓬勃发展，就不能前怕狼、后怕虎。[25]

技术和全球化创造了一个更加公平的竞争舞台。因为企业可以选择在世界任何一个地方生产产品、提供服务，这就削弱了很多国家享有的传统优势，比如地理位置、气候和自然资源方面的优势。所有国家都能利用信息技术和空运技术，加入全球产品与服务贸易市场。这有助于缩小强势国家与弱势国家之间的差距。但还有一个因素也是非常重要的，尤其是对发展中国家而言，那就是领导者的道德水准……廉洁、高效、理性且稳健的政府是竞争优势之一。[26]

全球化可以逆转吗？

全球化不可逆转，因为推进全球化进程的技术已经出现，这些技术是不会消失的。其实，更好的、更廉价的交通和通信将进一步增强推动全球化的力量。[27]

国际秩序会崩溃吗？能崩溃吗？如果固有的秩序崩溃了，陷入一种无政府的混乱状态，我们的世界能承受得起吗？其他方面的问题也会变得更加严重，比如人口过度增长、全球变暖、数以百万计甚至是数十亿人流离失所……这令我很担心，因为很多国家的领导人都没有认识到本国人民面临的危险。极地的冰盖正在消融。我预料到人们会很惊愕！这个地球会发生什么？各国领导人召开过紧急会议商讨应对措施吗？气候变化，冰川消融？这不是一个你能留给下一任总统的选举问题……你可以缓解这个问题，但无法彻底解决。因为我们所依赖的能源的使用量只会越来越大……我没见过任何一个部落领袖、任何一个民族国家领导人、任何一个独裁者告诉他的人民："我们要放弃经济增长。我们要减少消费和旅行，过一种更简朴的生活，我们要拯救地球。"[28]

全球一体化是无可取代的。当海湾地区产油国这样的区域性集团在其他地区开展竞争以获得优势时，伪装成地方主义的保护主义迟早会导致不同国家之间爆发冲突和战争。在全球化面前何去何从？全球主义是唯一一个公平的、可接受的答案，全球主义将有助于维护世界和平。[29]

第八章

竞争、公平与风险：民主的未来

Lee Kuan Yew

政府的作用是什么？领导人的作用是什么？领导人应该如何回应民意？实行民主有哪些要求？民主的风险有哪些？法律与秩序之间的适度平衡是什么？竞争与公平之间的适度平衡是什么？在接下来的回答中，李光耀将为我们呈现其政治哲学的精髓及在领导新加坡过程中总结出来的实践经验。

政府的作用是什么?

只有高效的政府才能为其人民满足自身需求提供有利的大环境。人们无法完全依靠自己满足其基本需求，他们需要部落或政府的支持与组织才能做到这一点。现代技术对多领域的专业化提出了要求。一个高科技的社会需要大量的知识与技能。[1]

政府的作用就是做出坚定的决策，在管理人民的事务时采取明确的、一贯的态度。[2]

政府的管理艺术就在于最大限度地利用本国有限的资源。[3]

我们的迫切任务就是建立起这样一个社会，即不以人们拥有财富的多寡作为奖赏依据，而是以人们通过体力劳动或脑力劳动对社会做出的积极贡献作为奖赏依据，力争做到人尽其才，实现对社会的价值与贡献。[4]

一个好政府不仅应该秉持、维系社会标准，还应提出标准，最终必须在经济领域有所建树，必须创造更多的就业岗位，必须让更多的人民共享繁荣。[5]

对于民选政府而言，它的一个重要职责就是使其代表一直留在选民中，以确保在人民的抱怨或不满尖锐化之前采取补救举措。民选政府要永远与人民保持联系，不仅为了体察人民疾苦，而且为了引导和组织他们，并给人民灌输有利于社会建设的优秀品质。[6]

西方人士摒弃了社会的道德基础，认为一个好政府能解决所有问题……在发展中国家，很多事情必须由家庭承担。但在西方，这些原本由家庭承担的事情却由政府大包大揽，“二战”以后更是如此，这样的政府被视为成功的政府……在东方，我们都依靠自己。今天，在西方恰恰相反，政府说：给我选票，我就解决所有问题。[7]

领导人的作用是什么？

领导人的一个职责就是给人民注入信心，使其有所担当……一支军队的士兵无论何其勇猛，如果将领懦弱，断然没有打胜仗之理。领导者必须有能力规划前景，并有魄力坚持既定道路……当人民与领导者戮力同心、战胜万难取得胜利之际，他们就会形成一种情感纽带，就像士兵与将领在并肩战斗之后建立的那种深厚的感情和牢不可破的信任。[8]

作为一个领导人，你的职责就是激励民心、凝聚民智，而不是让人民替你分担忧愁。如果你将难题抛给人民，就会使他们感到沮丧。[9]

企业的领导人不必非要说服员工跟着他走，因为企业里有等级制度，他通过这种组织形式传达指令，他的职责就是满足客户与股东。然而，一个政治领导人必须向其人民描绘他对未来的美好愿景，然后还要把这个愿景转变为具体政策，并说服人民，使他们相信这些政策是值得拥护的，最后还要把人民凝聚在一起，帮助他实现这个愿景。[10]

领导艺术面临的考验不仅在于回应人民的恐惧和疑虑，尤其是当这些切实存在的恐惧和疑虑原本可以解决却演变得缺乏理性和依据时。作为多元社会的领导人，我们要认识到这些焦虑的存在并尽早予以解决。我们不能消极地听之任之，其后果之严重是我们无法承担的。我们必须首先想到人民。在注意到需要特别保护的民众利益之后，我们必须制定方案，维护这些利益并促进人民福祉。[11]

你可能有才华，也可能没有。我的职责就是快速甄别一个人能否为 200 多万新加坡人的命运负责。如果不能，我就是在浪费时间……无论是你教一个人如何打高尔夫球，还是训练一条狗如何成为缉毒犬，你必须做的第一件事就是弄清楚对方能做到吗？[12]

我们要想给后世留下积极的影响，不是通过抓住权力不放，而是通过权力交接方式。我们作为人民的受托人行使权力，对“信托责任”形成了长期的认知……如果当权者把人民赋予的权力视为个人特权，他们必然会中饱私囊、提拔家人、偏袒朋友，这样就侵蚀了现代国家的基本结构，就像支撑一座房屋的大梁遭到了白蚁的侵蚀一样。因此，领导人的过失与罪行就会导致人民长期承受痛苦。我们未来的稳定与进步取决于这样的后人：他们应该形成同样的信托责任意识，这样他们才能认识到滥用人民赋予的权威与权力就是一种对人民信任的背叛。如果我们执政期间保持警惕，就能确保权力交到具有基本优秀品质的继位者手上。如果抓住权力不放，在自己虚弱的时候就会有人从我们手中夺走权力，到时，在“谁是接任者”这个问题上，我们就没有发言权了。[13]

一个国家是否伟大，不仅要看其面积、它能否赢得值得尊重的历史地位，还要看它的意志、团结、耐力、人民是否恪守法纪以及领导人的素质。[14]

一个民族的历史不是由一两次选举决定的。历史是一个漫长的、连续的进程，不取决于某些人物，而取决于社会环境中存在的政治力量、社会力量与国家力量。问题只是人们能否分析、破解并发现这些起作用的力量，并研判这些力量导致的结果。这些因素的影响比民众、政客或工会提出的口号更持久、更具决定性。[15]

无论近期事态发展如何跌宕起伏，地理、历史、种族及经济等因素必定占据上风……我们不能违背历史必然性，但这并不是说我们只能消极地坐观历史演进，我们必须努力加快历史进程。[16]

领导人应该如何回应民意？

我已经学会了忽视专家和类似专家的人提出的批评与建议，尤其是社会科学、政治科学方面的学者，他们的理论讲的都是社会应该如何发展才能最接近他们的理想状态，尤其是应该减少贫困、增加福利。我一向努力做正确的事，但不一定是政治上正确的事。[17]

西方世界不理解的是，我到了最后竟然丝毫不担心他们怎么评价我。我担心的是我所治理的国家的人民如何评价我。[18]

我并不是对所有事情都很认真。如果我认真对待每一件事，那我简直是头脑发热。别人会说你很多坏话，如果你对每个人的说法都很认真，你就会疯掉。[19]

你不能让新闻媒体抓住你的灵魂。永远都不要介意新闻媒体说什么。[20]

要想办事高效，政府至少要给人留下一个大肚能容的印象。如果一个政府容易受到变化莫测的选举的影响，当选民都是文盲或更加糟糕的半文盲时，那么这个政府在开始治理之前就已经被削弱了。[21]

我认为，我们说一个政府受欢迎并不是说它要在治理期间的任何时刻都受欢迎……有时你必须彻底不受欢迎。但在你的任期结束时，你应该给人民带来福利，这样人民才会认识到你所做的事情都是有必要的，才会再一次投你的票。这是我治理的基础。如果你想一直都受欢迎，那么你在治理时就会出现失误。[22]

我从来没有因为民意调查或欢迎度调查而过度忧虑或纠结过。我认为如果你为此而过度忧虑或纠结，你就是一位虚弱无力的领导者。如果你一直过分关注自己的受欢迎程度是升还是降，那么你就不是一位领导者。你只是在跟风……风吹向哪里，你就跟到哪里……在被别人爱戴与被别人惧怕的问题上，我一向都认为马基亚维利是正确的。如果没有人害怕我，我的存在就没有意义。当我说了什么的时候……我必须受到认真对待……民众偶尔对我有什么想法，我认为完全可以忽略不计……所有人都可以反对，但如果我知道这是正确的，我就会努力去做，而且我相信，如果给我时间，随着事情的发展，我就会赢得所有人的支持……作为领导者，我的职责就是确保在下一届大选开始之前为人民做足够多的事情，让人民切实感受到，这样我才有可能把他们争取过来。[23]

实行民主有哪些要求?

巴基斯坦、印度尼西亚及缅甸以严峻的事实提醒我们，民主国家并不是建立了一套民主的宪法之后就可自动地实现良性运作。[24]

在一个民主社会里，我们的职责是什么？首先，动员民意……我们必须让每一个人思考，或者尽可能多地动员人民争论并确定我们将走向何方、将采取哪些政策。[25]

民主社会不会自动地治理自己，它需要两件事情才能成功。首先，必须有一群政治参与兴趣浓厚且时刻保持警觉的选民，由他们选举政治家管理国家事务，然后还要通过民意的力量约束他们选举出来的政治家。其次，一个民主社会必须存在多个讲诚信、有能力的政党，使这个社会在更换领导人时有其他选择。[26]

新加坡究竟是成功地转变为一个政府诚信、欣欣向荣的民主国家，还是陷入绝望并沦为一个政府腐败不堪的专制独裁国家，取决于是否有足够的人民接受过良好的教育与训练，取决于他们是否愿意为国家尽自己的一份力，而不是眼睁睁地看着自己的国家沉沦下去。[27]

在民主社会里，仅仅坐着观看几个政党角逐是不够的。所有的盟友、所有的官员和所有的成员，也就是每个人都要同心协力，因为这样你就可以降低选举的代价和痛苦，更容易把握胜券。因为如果你参选失败了，那么你的盟友、你的学术权利以及学术自由等将变成一堆空洞的词语。[28]

公民必须乐于支持他们选举的领导人，努力恪守法纪，敢于牺牲小我以共襄大业。公民愿意付出的努力与牺牲越少，经济增长越慢。社会法纪越松弛，民意越分散，发展成果就越少，生产效率就越低。[29]

民主制度的运行最根本的一点就是所有在大选中竞争的人都把重要问题摆在公民面前……无论谁当选，都要忠实履行公民赋予的使命。这是民主制度的精髓。[30]

民主的风险有哪些？

一人一票是一种非常困难的治理方式，有时这样产生的结果是靠不住的，有时人民是变化无常的。他们厌倦了生活稳定改善的日子，可能会贸然为了追求新鲜而选择改变现状。[31]

只要你搞这种一人一票的模式，那么最容易煽动民众的事情就是做出一些简单的、煽情的呼吁，而不是承诺促进经济发展与增长或承诺其他民众不甚了解的事情，只需在一些简单的事情上做出承诺，比如种族自豪感、语言、宗教和文化。[32]

一人一票的议会民主制只有在人民面临多项选择但能理性选举时方可实现良性运作。永远不会出现最理想的选择。选民面临的选择是有限的，选民必须在自己的希冀与现有的政党之间加以调和。如果人民做出非理性的选择，那么民主制度就会趋于崩溃，比如第二次世界大战之后，法国人民一再做出非理性选择，直到戴高乐扫除第四共和国才算告一段落。此外，如果参选的政党都无法给选民提供理性选择，那么这种民主制度也会崩溃，比如，1949~1959 年，也就是苏加诺总统解除议会并自立为“民主导师”之前，印度尼西亚就频频出现这种情况。[33]

我们都在寻求什么呢？那就是令人舒服的政体，这种政体能够满足我们的需求，没有压迫性，能够最大限度地为我们创造机遇。无论你搞一人一票，还是搞某些人一人一票、其他人一人两票，这些形式问题都应该妥善解决。我并不认为一人一票是最好的。我们现在搞这种制度，因为这是英国人给我们的遗产，而且我们还没有真的发现挑战这种制度的必要性。但就个人而言，我相信，如果我们给那些 40 岁以上且有家庭者每人两票，我们就会拥有一个更好的制度，因为这样的人极有可能更加认真，毕竟他们投出选票时还要考虑孩子们的利益。与不到 30 岁的人相比，这些人投票时可能更负责任……同时，如果一个人超过 65 岁，这就是一个问题了。年龄为 40~60 岁的人是理想的选民，而年龄超过 60 岁的人就只能享有一张选票，但这种情况安排起来有难度。[34]

基于西方议会民主制的一人一票制只有在某些因素的限制下才能良性运作。在一些是非问题上，你的态度必须明确且坚定，否则一出现某些基本的刺激因素，你的人民就会自发地做出反应，而你却放任自流。每个新兴国家在刚刚赢得独立后都面临这样的问题，这是新兴社会存在的诸多问题之一。此时，必须运用威权。当地位、声誉或实际效用不足以支持威权时，就必须采取措施应对威权面临的挑战。[35]

法律与秩序之间的适度平衡是什么?

戈尔巴乔夫在莫斯科对民众说“不要害怕克格勃”时，我倒吸了一口凉气。我说这个人真是个天才……克格勃这个恐怖机器维持着一个乱糟糟的国家，他却坐在这个机器上说“不要害怕”。我想他肯定有一个很好的民主化方案。在我见到他时，发现他被周围的事情弄昏了头脑，他一头扎进了游泳池的深水区，却没有学会游泳。

法治原则会说人身保护令、自由权、结社权、言论权、集会权和和平示威权，但在世界上任何一个地方，这些权利的行使都受到一定的限制，因为如果盲目行使这些权利，有可能毁掉一个有组织的社会。一套法律体系面临的严格检验不在于其理念多伟大、多崇高，而在于它实际上能否让人与人之间的关系、人与国家之间的关系有秩序、有正义。如果要通过最大限度的宽容与仁慈维持这种秩序，就会出现问题……在一个稳定的、完善的社会中，法律似乎是秩序的先导……但是如果把法律与秩序这两个词的顺序颠倒一下，或许可以更加准确地描述人与人之间以及人与国家之间的关系，因为如果没有秩序，法律是不可能运行的。建立了秩序之后，社会才能稳定，只有在此时人与人之间以及人与国家之间才能按照既定的法律体系确立关系。当一个国家越来越无序，而现行的法律无法遏制民众抗拒威权的行为……就必须放弃一些现行的规则，以维持秩序，这样法律才能继续管理人际关系。另外一个选择就是放弃秩序，任由国家陷入混乱和无政府状态。[36]

"二战"后独立的国家都赋予政府在紧急状态下动用某些法律的权力……并不是说不动用这种权力的政府就是好政府。好政府取决于由人民选举、对人民负责的代表明智、谨慎且有效地动用这些权力。[37]

竞争与公平之间的适度平衡是什么？

一个社会若要成功，必须在扶持先进与鼓励后进之间实现平衡。同一个社会中的人必须既合作又竞争。[38]

如果每个人得到的报酬都是一样的，类似于共产主义大锅饭制度下的做法，则谁都不会力争上游，社会将不会繁荣，进步将是最小的。这导致了一些国家共产主义制度的崩溃。但在一个高度竞争的社会，如果赢者通吃、输者几乎没得吃，则这个社会的顶层与底层悬殊太大，就像美国那样……归根结底，就是要解决社会公平这一基本问题。但首先我们必须创造财富，要做到这一点，我们需要竞争力。如果你把成功者的收入过多地配置给其他人，则会打击他们力争上游、取得成功的积极性，由此可能会失去很多有能力的人，他们会迁往税务负担较轻的国家。另外，如果底层的人觉得自己被忽略了，那么社会将出现分裂、动荡，社会凝聚力也将丧失。一些国家的共产主义失败了，西方民主国家中的一些福利国家也失败了。

即便对于一个成功的、充满竞争的社会而言，仍然要维持平衡，以打造一个有凝聚力、有同情心的社会。要在这两种社会之间寻求平衡，需要很好的判断力，需要形成一种协议或社会契约。每个社会必须达到适合自己的最佳状态，一边是高度竞争的社会，一边是过度平等的社会，在这两个目标之间有一个能让社会实现最佳状态的黄金点，这个点会随着时间的推移和价值观的变化而变动。[39]

关于个体竞争与集体团结之间的平衡，可以用东方的“阴阳理论”较好地诠释：“阳”代表竞争，“阴”代表团结。“阳”越盛，那么总体的成绩就越好。如果赢者通吃，竞争将非常激烈，但集体团结则会弱化；“阴”越盛，集体越团结，劳动成果平均分配的倾向越明显，但由于弱化了竞争，导致总体成绩降低……我们在新加坡也给公民安排了社会救助，但只有那些别无选择的人才会接受救助。这与西方人的态度相反，在西方，自由主义者积极鼓励人们要求各种权利而不必感到害羞，结果导致福利成本暴涨。[40]

我们利用一代人的时间（1965~1990）成功地从第三世界跻身第一世界。接下来 20 年间，也就是到 2010 年，新加坡展现了一个有活力、有朝气的国家的姿态与优雅……要打造这样的新加坡，我们需要一个强有力的政府，必须拥有最有能力的、最有魄力的、最有敬业精神的领导人。我们在物色这类人才，委以重任以检验他们。只有这样的领导人才能保持经济增长，才能创造好工作，才能创造足够的收入以支付第三代新加坡军队的装备与训练费用。第三代新加坡军队为人民和外来投资者提供了安全和信心，使他们放心：新加坡不仅能保护自己，还能保护他们。如果出现不安全感，新加坡吸引的投资就会减少，那就意味着人民会更穷，还意味着不稳定。

为了维持社会团结，我们为处于底层弱势群体的20%~25%提供救助，使他们在激烈的竞争中得到一些缓冲……我们为低收入工人提供额外补助……所有这些都是为了打造一个公平、公正的社会。[41]

第九章

李光耀：“我对这个世界的看法”

Lee Kuan Yew

您最基本的战略原则是什么？您对于战略思维与决策的态度是什么？是什么样的个人经历和职业经历塑造了您的态度？什么战略范式塑造了这种态度？历史应该在战略思维与决策中扮演什么角色？简明清晰的表述应该在战略思维与决策中扮演什么角色？您对社会进步之源的看法如何影响了您的战略思维？您对于社会停滞或倒退的观点如何影响了您的战略思维？一个成功的领导人应该具备哪些品质？领导人在制定公共政策时最常犯的错误有哪些？您最崇拜哪些领导人？为什么？您希望自己如何被后人铭记？李光耀的答案揭示了塑造其政治抉择的原则与世界观。

您最基本的战略原则是什么?

我认为:人性本恶,必须加以限制,制止恶的一面。虽然这样说可能令人沮丧,但我仍然这样认为。[1]

我们已经征服了太空,但我们还没有学会如何征服自身的原始本能和情绪,这些本能和情绪对于我们在石器时代的生存是有必要的,但在太空时代却没有必要。[2]

尼赫鲁先生在这个问题上的基本信念就出现了误判,导致其最终承受着失望与痛苦。其实,亚洲的权力政治与其部落历史一样悠久,而且无论我们是否喜欢,如果我们要生存下去并保持各自的特征,就必须学会寻求各个国家的共同利益。[3]

虽然儒家思想认为人性可以改良,但我一向认为人类就像动物一样,我不确定能否改良,但我认为可以进行训练,可以进行管教……你可以让一个习惯使用左手的人用右手写字,但你无法真正地改变其与生俱来的本能。[4]

人们认为人与人之间是平等的,或者说应该是平等的……但这种想法现实吗?如果不现实,那么追求平等就会导致倒退。[5]

一个最基本的事实就是没有任何两个事物是完全平等的,没有同样小的事物,也没有同样大的事物。事物从来都不是平等的。即便对于非常相似的双胞胎而言，出生时也有先后之分，先来者优先于后到者。人类是这样，部落是这样，国家也是如此。[6]

人类不是平等的，他们处于极其激烈的竞争中。苏联的共产主义制度已经失败了，因为他们试图把利益均等化，这样一来，没有人会努力工作，但每个人都不想比别人得到的少。[7]

我一开始也认为人是平等的……现在我知道这是最不可能实现的事情，因为人类已经进化了数百万年，分散到了世界各地，彼此相互隔绝，独立谋求发展，种族、民族、气候、土壤条件都不尽相同……这是我在书本上读到的东西，我自己的观察也印证了这一切。我们能读到很多东西，这是书本上的，只靠三四个作者去说是不能证明其真实性的，依然有可能是错误的。但通过我自己的经历，我发现：是的，的确存在差异。[8]

对任何一个社会而言，在 1 000 个新生儿中肯定有相当比例的婴儿接近于天才，有相当比例的婴儿是普通人，也有相当比例的婴儿有点儿愚笨……正是那些接近天才的人和在普通水平之上的人最终决定了未来的事情……我们想要一个公平的社会，我们想给每一个人提供均等的机会，但在我们的思想深处，我们从来不会自欺欺人地认为存在两个在毅力、动力、敬业程度、内在禀赋等方面一模一样的人。[9]

在这个问题上，弗雷德里希·哈耶克在其著作《致命的自负》（*The Fatal Conceit: Errors of Socialism*）中表达的观点非常明确，而且具有权威性，与我长期以来的想法不谋而合，但他的书没有说明一些伟大的知识分子的不明智之处，其中包括阿尔伯特·爱因斯坦。这些伟人往往认为人类大脑可以设计出一种更好的制度，这种制度比“历史演进”或“经济达尔文主义”在过去几个世纪带来的“社会正义”还要多。[10]

任何一个政权、任何一个宗教、任何一种思想都无法征服世界，或者按照自己的设想重塑世界。世界的多样化特征太明显了，不同的种族、文化、宗教、语言及历史要求各国通过不同的道路实现民主和自由市场。在全球化的世界，各个社会因卫星、电视、互联网及便捷的旅行条件相联，因此各个社会就会相互影响。在某个发展阶段，什么样的社会制度能最好地满足一个民族的需求，是由社会达尔文主义决定的。[11]

您对于战略思维与决策的态度是什么？

也许按照欧洲的标准，我是一个介于社会主义者和保守主义者之间的人。我会把自己描述为一个自由主义者。一方面，我倡导机会均等，努力让每个人都有机会获得最好的发展；另一方面，我还有一定的悲悯之心，希望失败的人不会在困境中越陷越深……我想让制度以最高的效率运作，但同时考虑到那些现状不佳的人，因为他们的自然条件没有提供给他们足够多的资源，或者他们本身缺乏努力奋斗的条件……我是名副其实的自由主义者，因为我不会拘泥于某一种关于治理世界、治理社会的理论。我是务实的，我愿意直面问题，说：好吧，什么才是最佳解决之道？怎样才能为最多的人创造最大的幸福和福利？[12]

我成长于三世同堂的家庭，这就不知不觉地使我推崇儒家思想，这种思想会潜移默化地渗透进你的大脑。儒家思想认为如果人人都争做“君子”，那么社会就能实现良性运转。理想中的君子与绅士有些类似……这意味着不要做邪恶的事，努力做善事，孝顺父母，忠于妻子，好好抚养孩子，善待朋友，这样他就是忠于皇帝的好公民……儒家内在的哲学观念认为如果想要一个社会实现良性运作，你就必须考虑到大部分人的利益，社会利益必须优先于个人利益。这是与美国文化的主要差别所在，因为美国文化是把个人利益放在首位。[13]

在外出旅行和访问期间，我会注意观察一个社会、一个政府是如何运作的，会思考为什么它们运作得好……人的思想不只来自阅读，你可以从书本中获取，但如果你不把书本知识同自己的情况结合起来，书本知识就无用武之地。我自己经常会把读到的东西同自身情况结合起来……同博学多才的人展开讨论具有重要的意义，这一点一定不要忽略，我认为这比单纯孜孜不倦地阅读文献强得多。因为通过短暂的交流，你就能萃取对方的知识和对方的思想精华。[14]

新加坡能取得今天的成就不是偶然的。每一个有可能出错的事情，我们都竭力避免，因此，我们才能实现今天的成功，才能拥有巨额储备。因为如果我们没有储备，当我们遇到麻烦时，就一无所有了。我们有一个良性运作的制度，这个制度需要我们投入智慧和专业技能。新加坡的人才来自很多国家，他们从事金融服务业、制造业、旅游业以及其他经济活动。新加坡的模式是无法轻易复制的，我认为这是我做出的最大贡献，也是最有价值的事情。[15]

是什么样的个人经历和职业经历塑造了您的态度?

我的思想源自于我的性格……还有我的一些生活经历。当你的整个世界轰然坍塌时，你就会遇到一系列不可预见的、出乎意料的情况。我的人生就是这样。如果日本军队没有在1942年发动侵略，大英帝国在东南亚的统治或许会再持续1 000年，但事实上在1942年就终结了。我从来没想过日本人会征服新加坡、把英国人赶出去，但他们确实做到了，还用残暴的方式对待我们，包括我本人也遭受过日本人的虐待……在毛泽东提出"枪杆子里出政权"之前，我就深刻地知道了什么是权力。日本人表明了这一点，英国人却没有。当时大英帝国快要走到尽头，在技术、商业和知识领域都占有主导地位，已经没有必要使用残暴的武力了。他们只是在1868年动用印度的犯人劳工们在山上修建了这座巨大的政府办公楼，以此统治人民……我从英国人那里学到了如何治理国家、如何管理人民，也见识了日本人是如何运用权力的。[16]

日本人对新加坡的侵略给我上了一堂最深刻的政治教育课，因为在长达三年半的时间里，我看到了权力的意义，看到了权力、政治和政府是密切相关的，而且我还明白了在强权政治下陷入困局的人们为了生存会采取哪些应对之策。先是英国人在这里，他们是固有的、完全意义上的主人，而之后日本人来了，我们一直奚落日本人是矮胖、短视和斜眼。[17]

当我和在内阁中担任高级职务的同事们回首早年治理新加坡的忙碌岁月时，我们都意识到充满磨难的学生时代使我们受益良多。我们遇到了街头恶霸，如果我们没有体验过这种磨难，那么我们就会被打到。如果我们从未感受过忧患，就像一条狗被圈养在篱笆后面的小屋里那样安全无忧，那么当我们身处危险重重的车流中就会被碾压而亡……现在年龄在40岁以上的一整代新加坡人都曾经上过这堂充满磨难的政治课……我们的孩子没有经历过那种残暴侵略下的艰难岁月，较年轻的一代部长们也没有过这些经历。激烈的斗争造就了老一辈的部长们，我们中间那些身体虚弱、行动缓慢或者容易紧张的人就成为早期的牺牲品。我们这些剩下的人就是在达尔文所谓的自然选择过程中幸存下来的人，我们都有强烈的生存本能。[18]

自1973年以来，我学到了什么呢？我学到了一些关于人类与人类社会的更加基本的、永恒的道理，学到了如何让人类和人类社会实现更好的发展，学到了倒退和崩溃的风险是永远存在的……我意识到了一个文明社会是何等脆弱……我还明白了个人成就的重要意义。在50多岁、将近60岁时，我意识到，同知识、道德和精神上的满足相比，尘世的一切荣耀与成功都是转瞬即逝的，一切感官上的愉悦和快乐都是短暂的……

我不禁开始怀疑我所拥有的东西中有多少是先天决定的，又有多少是后天培养的。如果我没有经历过艰难抗争的考验，我会与现在的自己有所不同吗？做出了一个个生死攸关的抉择，经历了一次次重大的危机，我的眼光、雄心和辨别轻重缓急的能力都发生了根本性变化，我相信这种变化将对我产生深远的影响。也许所谓的"硬件"（即我的身体、精神和情绪）并没有什么变化，但我的"软件"（也就是我对上帝、荣耀或金钱的看法）已经受到了人生阅历的深刻影响。换句话说，无论"硬件"（由先天决定）多么好，没有"软件"（靠后天培养），"硬件"也不会有多大的用武之地。[19]

什么战略范式塑造了这种态度？

逻辑与推理的真理性只有在实践中才能得到最终检验。[20]

严峻的考验是成绩，而不是承诺。数百万无依无靠的亚洲人不关心也不想知道什么理论，他们只想过好一点儿的日子，他们想要一个更加平等、公正的社会。[21]

如果我们要创造良好的经济条件，就必须找到实际的办法，解决增长与发展问题，而不是寻找这种或那种理论。这也符合理智的要求。[22]

我的人生不是依靠某种哲学或某些理论指导的。我把事情办好，让别人从我的成功之道中总结理论或原则，我不会搞理论。相反，我会问：怎样才能做好这项工作呢？如果我在查看一系列解决方案之后发现某个方案切实可行，那么我就会努力找出这个解决方案背后的原则。因此，我未接受柏拉图、亚里士多德、苏格拉底等人的指导，我只对在现实中行得通的事情感兴趣……如果我面对一个困难、一个重大问题或者一系列相互冲突的事情，而初步解决方案行不通，那么我就会先看看是否存在备选方案。我会选择一个成功概率比较大的方案，但如果它以失败告终，我还有其他方案，不要在一棵树上吊死。[23]

我们不是理论家，不会搞理论崇拜。我们面对的是实实在在的问题，人们要找工作、要挣钱、要买食物、要买衣服、要买房、要抚养孩子……我们可能读到过什么理论，也许半信半疑，但我们要保持现实、务实的头脑，不要被理论束缚和限制住。如果一个方案行得通，我们就实施，这样才有了新加坡今天的经济。面对一个理论，我们要考虑的问题就是：它可行吗？能给人民带来利益吗？当年占据主导地位的经济理论之一就是跨国公司压榨廉价劳动力、廉价原材料，会把一个国家压榨干净……我认为，既然廉价劳动力闲置，那么如果跨国公司想利用，为什么不行呢？我们可以从跨国公司那里学习先进经验，没有它们，我们可能永远都学不到这些……发展经济学派认为这是压榨，而我们的经历就有力地反驳了这种观点。我们只是脚踏实地，绝非故意给高深的理论原则挑刺。[24]

金大中曾在《外交事务》杂志上发表了一篇题为“命运中的民主”（democracy is our desting）的文章，他们让他写了一篇文章反驳我同法里德·扎卡里亚（Fareed Zakaria）的对话，他们希望我做出回应。我认为这没必要，金大中的论断过于自信。哪里能找到具体的例子证明他们说的事情会成为现实？如果肯定会成为现实，他们为什么还要这么激动？他们恼羞成怒并竭力反驳我，这一点恰恰说明他们对自己的观点缺乏坚定的信念，不确信自己的预言能否变成现实……如果历史是站在他们那一边的，即如果历史表明自由的民主制是无法避免的，那么请忽略我吧，不要宣传我，可以吗？我认为，一个理论不会因为听起来悦耳或者看起来符合逻辑就一定具有现实可行性。一个理论最终还是要放到生活中检验，也就是要看现实生活中出现了什么，要看能给一个社会中的人民带来什么。[25]

我认为美国的制度不一定是理想的或者适用的。我注意到英国人一直在试图模仿美国人……盲目效仿美国制度的人认为，只要美国官员开始披露秘密，那么这种行为就应该成为一种时尚，这种行为表明你的社会是一个自由的社会，如果有任何部长或法庭压制真相，你就有义务将其捅给反对派。这种想法是否合理呢？这还是新事物，还没有得到实践证明。如果你损害了社会基础，就会给下一代或者更下一代人造成不良影响。如果有两种制度摆在你面前，一种是得到实践检验的，另一种是尚未被检验的，而我又是保守派，我肯定会选择前者，至于后者是否可行，为什么不留给其他人、让他们证明呢？如果一种制度能推动科技事业大繁荣、能给人民带来幸福、能解决社会问题，如果因为害怕引起争议而放弃这种制度，那就是非常愚蠢的行为……最终的证据是它能给社会带来什么。[26]

历史应该在战略思维与决策中扮演什么角色？

历史不会重复，但某些趋势及其结果却是永恒不变的。如果你不懂历史，就会目光短浅；如果你懂历史，就能着眼未来、高瞻远瞩。[27]

要了解现实、预测未来，必须对历史，也就是对一个民族的历史有足够的了解。不仅要理解发生了什么事情，还要明白为什么会发生。这一点是比较重要的，个人要这样做，国家也是如此。一个人的经历决定了他对某些事物是喜欢还是厌恶，决定了当这些事情再次发生时，这个人是持欢迎态度还是畏惧态度。对于一个民族也是如此：一个民族肯定会从历史的成功与失败中总结经验与教训，正是这种集体的记忆决定了这个民族对新事物是持欢迎态度还是畏惧态度，因为他们会从新事物中发现与历史经历的相似之处。年轻人从个人经历中学到的东西最多、最深刻。前辈们付出巨大的代价与心血获得的经验能增长年轻人的见识，帮助年轻人处理没有遇到过的新问题、新风险，但这种经验是二手的，没有以个人经历为基础的一手经验生动、深刻和持久。[28]

在越南战争期间，美国人发现他们对越南这个国家及越南人民的历史缺乏深度了解，这是一个极大的不利因素。于是，耶鲁大学、康奈尔大学和斯坦福大学等高校以及兰德公司等智囊团迅速召集了一批相关学科的顶尖人才进行研究。如果美国人在卷入越南战争之前就提前做好这门功课，那么他们很有可能把战场选在柬埔寨，而不是越南。[29]

简明清晰的表述应该在战略思维与决策中扮演什么角色？

我想谈谈简明清晰的表述的重要性，能做到这一点，其实并非易事……亚瑟·库斯勒（Arthur Koestler）曾明确指出，如果希特勒的讲话使用书面语，而不是口语体，那么德国人就永远不会发动战争……当你给我或者给你的部长发一份会议记录、一份备忘录或一份将要公开发表的类似于总统讲话稿的草稿时，尽量不要通过使用大而空的字眼给人留下深刻印象。要简明清晰地表述你的想法……我是这样说的，也是这样做的。如果我不能把复杂的思想凝练成简明清晰的语言，并生动地表达出来，让大家都能理解，那么我今天就不会坐在这里了。[30]

我的很多提议可能有争议性，但如果要在陈词滥调和个人信仰之间选择的话，我觉得坚定有力地表达个人信念是我的义务，因为一直以来，妨碍马来西亚的政治实现快速有序发展的一个重要因素就是这里的人一直忽略那些令人不悦的事情，不愿意做任何引起争议的事情。[31]

只有那些有魄力、有勇气、无论发生什么事情都敢于为了民族和国家秉持信念、捍卫信念的人才是有价值的人，才是重要的人。[32]

您对社会进步之源的看法如何影响了您的战略思维？

之所以会出现文明，是因为人类社会在一定条件下会应对挑战。哪里充满挑战，哪里就能兴旺发达。[33]

要成功地转变一个社会，必须满足三个基本条件：第一，坚强的领导；第二，高效的政府；第三，社会法纪。[34]

你一定要有信念。你不只是为了让人民繁衍生息而建造房屋……你做这些事情是因为你相信自己最终肯定能创造一个幸福、健全的国家，创造一个让人民拥有成就感的社会……如果你只是把人当作动物，喂他们吃食，让他们好好锻炼，吃得膘肥体壮，像狗或猫一样健康，我认为用这种态度治理国家是行不通的。为了实现想象中的具体目标，一个国家需要经历许多艰难困苦。[35]

以财产和地位为基础的特权社会必须让位给以个人能力和社会贡献为基础的社会，其中一个原因就是只有鼓励人们做出最大贡献，社会才能实现进步。历史上从来没有出现过一个人人平等、回报均等的社会。如果实施了这种平等主义的社会制度，那么那些懒散、无能的人得到的就会和勤奋、杰出的人得到的一样多，最终会打击后者的积极性，他们会竭力减少付出。然而，我们虽然无法创造一个回报均等的社会，却有可能创造一个机会均等的社会。在这个社会中，回报多少不是由社会成员占据的财产多少决定的，而是取决于他们对社会的贡献。换句话说，社会应该鼓励人们对社会做出最大的贡献，并给予应有的回报。[36]

我不明白对人民爱护有加对一个民族的进取心有多大的意义，我认为这只会降低人们取得成就、实现成功的愿望。我相信，要想获得财富，你就得去田野里种小麦，就得依靠每个秋天结出果实的果园，就得依靠工厂制造维持舒适生活所需要的物品。20 年后，我才认识到在分享财富之前，我们首先需要创造财富，那时，为了让新加坡人民有饭吃，我开始采用过时的转口贸易模式，以此发展经济。要创造财富，就要给人民提供强大的动力和激励，这是至关重要的，有利于推动人民力争上游，鼓励人民承担风险创造利润，否则就没有什么财富可以分享。[37]

你必须有需求，这是至关重要的。在你拥有一件事物之前，你必须想拥有它，而想要拥有一件事物首先就意味着你要有能力发现自己需要什么，其次还意味着你要有能力训练自己、组织自己以获得你想要的东西。我想要的就是为实现经济现代化创造工业基础。最后还意味着你要有勇气和毅力，要敢于改变热带地区的传统生活方式。在热带，人们一直都觉得没有必要在夏天劳作、秋季收获并储存东西准备过冬。在世界上很多地区，文化模式都是固定的……只要这种模式一直存在，什么事情都无法改变。如果贫穷国家想有所改变，必须具备强烈的欲望，按照富裕国家的模式塑造自己。[38]

我们需要的东西可以这样表述。首先，我们需要一个欣欣向荣、积极向上的社会。你的人民不能浑浑噩噩地奋斗，必须有明确的改善境遇的欲望……你必须让人民的回报与付出成正比，因为每个人都想有别于他人。他们想要平等的机会，以显示自己超过别人的地方……其次，我们需要高瞻远瞩的良性管理。新加坡面临的一个问题就是如何管理历史悠久的家族企业……最后，我们需要顺畅的社会流动性。德国和日本之所以能实现复苏，其中一个原因就在于战败后，它们的资本家、经理人、执行官、工程师和工人等都围绕着同一个目标而奋斗，即让他们的国家重新站稳脚跟。[39]

要最大限度地利用我们的机会，我们必须保留多种族、多语种、多文化、多宗教社会的活力。在英语成为全世界和互联网通用语言的时代，我们的优势之一就是全体新加坡人都接受过英语教育。然而，我们一定不能丢掉我们的基本优势，那就是我们的原有文化和语言带来的活力……现实与务实的心态对于克服新问题还是很有必要的。被历史经历证明是正确的东西不到万不得已时不能轻易改变，这些正确的东西就包括诚信与正直、多元种族、机会均等、精英管理制度、让回报与社会贡献成正比、要避免“自助餐综合征”，即付款之后尽可能地多拿多要。正是由于这个原因，福利和补助才挫伤了人们力争上游、实现成功的动力。[40]

在一个完善成熟的社会中，加入这个社会的一个基本条件就是必须充分掌握该社会的语言。语言是维持社会凝聚力的力量之一，正是这种语言水平的要求才确保了新移民加入美国之后不会破坏美国的社会凝聚力。从种族方面讲，移民起初可能是德国人、意大利人、西班牙人甚至日本人，但美国要求移民的英语水平必须达到一定的标准，只有这样他们才能获得成为美国公民的通行证，这就保证了语言对社会的凝聚力。[41]

当欧洲开始文艺复兴之际，中国技术进步的步伐放缓了，最终停了下来，为什么呢？中国的停滞是由其当时的高傲和自满导致的，它拒绝学习西方。1793 年，英国使者马戛尔尼勋爵（Lord Macartney）到访中国，带来了工业革命的神奇成果，但乾隆皇帝不以为意，他对英国使者说："天朝物产丰盈，无所不有，原不藉外夷货物以通有无。"中国为这种高傲付出的代价就是近 200 年的衰落与腐朽，而欧洲和美国却不断向前迈进。100 多年后，一位思虑周全、思想务实的领导人开始医治创伤，他就是邓小平，他在 1978 年实行了改革开放。[42]

以色列人很精明。我曾经问美国银行的一位总裁为什么犹太人这么精明，他强调指出了优良基因是如何不断复制的。在任何一个犹太人的社会中，"拉比"通常都是最聪明的，他们博览群书、博学多才，因为他们系统学习过《塔那赫》、《塔木德》等犹太教经典，懂多门语言。因此，成功的犹太人往往喜欢追求"拉比"的子女，希望以此把优良基因引进自己的家族。正是通过这种方式，犹太人的优良基因不断复制。[43]

您对于社会停滞或倒退的观点如何影响了您的战略思维?

英国的人口数量和国土规模都不足以使其维持美国、苏联这样的一流大国地位。除这两点之外，还有一点：1945 年，英国工党出于一片好意，出台了“从摇篮到坟墓”的社会福利制度，结果侵蚀了英国人积极进取的精神和动力，很多崭露头角的企业家的雄心壮志都被磨灭了。这一点原本是可以避免的。更糟糕的是，个人纳税负担较重，浇灭了很多人创造财富、获得成功的梦想。[44]

曾几何时，英国人非常擅长发明，取得了很多成果，包括蒸汽机、纺织机和电动机，他们在科学领域赢得了很多诺贝尔奖。然而他们没有将成果投入商业化应用，为什么英国人缺乏这种把创新进行商业化应用的能力呢？我认为这要归因于他们的文化。在长达 200 年的时间里，这个老牌的帝国形成了一种尊重历史悠久的富人家族和地主乡绅的社会氛围，而那些刚刚富起来的家族通常会受到一定的蔑视。聪明的人都渴望从事需要专业知识和技能的职业，比如律师和医生，希望在这些工作中获得成功，从而被别人羡慕，因为这些职业只需动用脑力、双手可以干干净净的，不像工程师或工人那样必须努力工作、双手脏兮兮的。英国的上流社会也不乐于接纳新富阶层，新富阶层的子女在读完公立学校和大学之后，才有机会受到社会欢迎，而到时他们的家族也变成了具有一定历史的富人家族……一个社会的环境和文化决定了一个民族或者某些社会成员的开拓创新精神……美国社会很注重这种开拓创新精神，其中有四个显著特征：(1) 国家注重个人独立和自力更生；(2) 尊重创业人员；(3) 能接受创业和创业过程中的失败；(4) 对收入差距大比较宽容。[45]

一个成功的领导人应该具备哪些品质？

革命的环境造就的是铁血、铁腕的领导人，而和平的环境造就的是能许诺给人民舒适生活的领导人。[46]

根据我对各国人民和领导人经验主义式的观察，我相信一个人的能力、癖好和性情中有70%~80%的成分都是由遗传基因决定的，也就是说，你出生的那一天就已经被决定了70%。如果你原本就是有能力的人，那么你就会成长为有能力的人；如果你原本就是行动缓慢的人，那么你就会成长为行动缓慢的人。这些是注定的，什么都改变不了……美国人的书本上说，人可以通过培训成长为领导人，我持反对意见，我认为领导才能是先天因素决定的。你可以把一个人教成经理人，但不能培养成领导人。他们必须有非凡的动力、非凡的才智和非凡的毅力以及敢于征服一切的意志力。[47]

做领导人是难度很大的工作，尤其是做政治领导人，而做首席执行官或军队将领则是另外一回事，因为你不用费尽心思争取那些对你说“不”的人。如果你是政治领导人，在你参与竞选活动时，你的选民完全可以不听你讲话。当你的竞选活动结束时，必须让选民相信你能给他们带来某些好处，让他们相信你能做到，这样他们才会投你的票。这需要一套完全不同的技能。只有当你拥有本能、对人民拥有天然的兴趣并且希望为他们做一些让他们能感觉到的实事，你才能培养出这些技能。如果你没有这些天生的素质，只是希望成为一个伟大的领导人，那么还是试试其他职业吧。[48]

40 年间，我一直在努力遴选合适的人才担任重要职务……我见过很多制度，同很多首席执行官交谈过……我断定在所有制度中，荷兰皇家壳牌集团的制度是最好的。壳牌的人才评估系统把人的特质归结为三种：强大的分析能力，合理把握事实的能力，以及善于总结原则并关注基本事实的能力。壳牌把它们称为一个人的“直升机素质”，既能从宏观的角度鸟瞰事情和问题，又能确认关键细节，调整焦距对症下药。你可能在数学考试中得分很高，你数学学得好，但这还不够……他们必须了解现实情况，必须明确地知道什么事情有可能实现、什么事情没有可能实现。但如果你只知道关注现实，就会变得平庸和碌碌无为，你就会失败。因此，你必须有超越现实的能力，并且说“这是有可能实现的”，也就是说，你要有超群的想象力。[49]

如果你不希望出现长期的无政府状态和混乱状态，就必须建立一个能够实现自我延续的权力架构。人应该是平等的，但从来都没平等过。有的人能做得多一点儿，有的人做出更大的贡献。我们如何才能预料到这些呢？为什么我们不能呢？问题就在于，人类无法评估所谓的“性格”……很多非常聪慧的人都没有为自己的同胞做出贡献，这令人很惊讶。正是这种无法确定的、无法衡量的品质，即性格，再加上你的心智能力、知识以及纪律构成了领导力……在完善的社会中，遴选领导人的范围非常广，他们都上过大学，如果一个人系统地接受过某个学科的训练，了解所有基本的准则，了解历史与人类经验，然后担任领导人，那就更好了。[50]

领导人在制定公共政策时最常犯的错误有哪些？

有时，他们会沦为傲慢与过度自信的牺牲品，有时，他们会在变革契机到来时与这种契机失之交臂。[51]

您最崇拜哪些领导人？为什么？

戴高乐、邓小平、温斯顿·丘吉尔。崇拜戴高乐是因为他有巨大的魄力。他的国家被占领了，他是个一星的将军，而且他代表法国……当英国人、美国人收复北非时，他前往阿尔及利亚和阿尔及尔，他在那里看到一位四星的法国将军。于是戴高乐说：“吉罗，你是一位法国将军，为什么还要让外面的美国士兵保护你？”他是一位意志坚强的人，他有勇气、有魄力。邓小平是一个伟人，他引领贫困的中国发展成今天的模样，成为世界最强大的经济体指日可待。如果没有邓小平，中国有可能重走苏联的老路。我崇拜丘吉尔是因为当时换成其他人可能就放弃了，但他说：“我们将在海滩上作战，我们将在田野里、在街巷里作战，我们永不投降。”在自己的军队吃了败仗的情况下能说出这种绝不向德国人投降的话是需要巨大意志力、勇气和决心的。如果你问美国人他们崇拜谁，他们会说罗斯福。但罗斯福手中掌握着美国强大的军事实力和工业实力。[52]

在我的内阁同事中，吴庆瑞对新加坡的发展影响最大。他心胸宽广，性格坚毅。如果他与我意见不合，就会挑战我的决定，让我重新思考一下做出决定的前提条件。这样一来，我们就为新加坡做出了更好的决策。在危机中，他的分析通常很敏锐、务实和客观，他在面对难题时敢作敢为的态度鼓励我尝试一些看似不可能的事情……他是一位解决问题的高手。我建立了良好的政治环境，这样我们一起制定的政策就能得到执行……他谙熟国防事务，熟读战略学方面的经典著作，包括孙子、克劳塞维茨、利德尔·哈特等人的著作。他订阅了军事杂志，以了解最新的武器发展状况。他送给我一些书和文章，上面有很多标注和个人想法，他坚持认为在我做出决策之前必须了解自己批准的事情。[53]

您希望自己如何被后人铭记？

我不希望以政治家的身份被人铭记。首先，我不会把自己归入政治家的行列。我认为自己是一个意志坚定、始终如一、坚持不懈的人，我脚踏实地地做事。我会坚持不懈，直至成功。没有别的了……任何一个认为自己是政治家的人都需要看心理医生。[54]

别人会以什么方式铭记我，我认为我决定不了。生活中，我只做自己认为有价值的事情。我从来不想搞政治。我想做律师，过上好日子，做一个好的顾问，但由于发生了一系列政治震荡，我无奈之下只有搞政治了。所以我肩负着很大的责任，我要负责让国家正常运转……我能做的只是确保当我离开时，各种制度还是好的、健全的、清廉的、高效的，确保现有的政府知道自己要做什么，知道搜罗高素质的下届政府人选。[55]

我并不是说我所做的一切都是正确的，但我做的每一件事情都是基于高尚的目的。我必须做一些令人不悦的事情，以及把某些人未经审判就关起来。要盖棺定论，到那时你们再评价我。在闭眼之前，我可能还会做些这样的事情。[56]

第十章

论中国、美国与世界

Lee Kuan Yew

当华盛顿决策者、对外政策专家、商业领袖以及普通民众读完这本书之际，我们相信他们会更加清楚地了解美国在今后十年乃至更久之后面临的复杂因素与挑战。正如书名所示，李光耀为美国下届总统及其他人提供了一个可靠的指南针，我们可以借其行走世界。他是一位恬淡、健康、自信又谦虚的人，我们从他那里学到了很多。在这里，我们总结了他的一些战略见解。

1. 中国有成为世界强国的实力。所有政府的对华政策，尤其是中国邻国的对华政策，都已考虑到这一点。这些政府正在重新调整自己，因为它们知道如果侵犯了中国的核心利益，将承担一定的后果。中国市场有 13 亿人且他们的收入和购买力不断上升，中国只需禁止外国产品进入中国市场，就能实施经济制裁。

2. 中国彰显优势的方式肯定不同以往。以当前的东亚为例，中国显然已经在同其邻国的关系中确立了经济主导地位，并利用中国市场准入权以及大规模海外投资实现自身利益。如果哪些国家或企业不认可中国的地位，没有给予中国适当的尊重，则有可能被逐出迅速增长且拥有13亿人口的中国市场。

3. 根据中国当前的辉煌成就直接进行推论是不实际的。中国在前进的道路上存在的劣势和需要克服的障碍比大多数观察人士意识到的都要多。在中国的治理问题中，最主要的问题之一就是缺少法治，在巨大的国家里，仍有一些黑恶势力在当地横行霸道。文化习惯束缚人们的想象力和创造力，而奖励顺从；汉语通过名言警句和4 000年来的文章塑造人的思维，这些文章说每一件值得说的事情都已经被说过了，而且之前的作者说得更好；汉语对外国人而言极其难学，很难学到自由融入中国社会并被中国社会接纳的水平；汉语给中国吸引、同化其他国家的人才增添了巨大的阻碍。

4. 习近平性格内敛，不是说他不与你交流，而是说他不会显露自己的好恶。无论你是否说了一些惹他生气的话，他的脸上总是洋溢着令人愉悦的微笑。与胡锦涛相比，他更有钢铁般的意志。

5. 中国不会成为一个自由的西方式民主国家，否则就会崩溃。对此，我相当肯定，中国的知识分子也明白这一点。如果你认为中国会出现某种形式的革命以实现西方式民主，那你就错了。

6. 美国目前的确因背负着债务与赤字使其发展道路充满坎坷，但我完全可以肯定美国不会沦为二流国家。历史上，美国已经展现出了很大的自我更新与复兴的能力。美国的优势包括：美国人头脑中没有根深蒂固的陈旧思想，而是思维活跃，富有想象力，态度务实；拥有各类优秀的研发中心，竞相发明新技术、提出新理念；美国社会能够吸引世界各地的人才，并能轻而易举地使其融入其中；英语相当于一个开放的体系，是科学、技术、发明、商业、教育和外交等领域的领导者以及各国顶尖人才的通用语言。

7. 如果总统给他的人民开出的是一剂苦药，那么他就不会再次当选。因此，为了赢得总统选举，候选人往往倾向于拖延问题，推迟实施不受欢迎的政策。结果就导致预算赤字、债务以及高失业率等问题迟迟得不到解决，因为要解决这些问题往往需要选民牺牲一部分福利，结果就被击鼓传花式地留给了下一届政府。

8. 美国人权组织抨击中国，美国国会及美国政府以中国践踏人权、出售导弹技术为名威胁取消中国的贸易最惠国待遇……他们忽视了两国的文化、价值观及历史差异，使双边关系的战略考量服从于美国的国内议程。这种冒进的做法可能把中国变成美国的长期对手。美国不要对中国那么敏感，多了解一下中国的文化，有助于弱化双边关系的对抗性。

9. 美国人似乎认为亚洲很容易改变，只要把注意力放在世界其他地方，就能遏制亚洲的发展。其实并非如此，如果美国想深度影响亚洲的战略演变，就不能来了之后很快又离开。

10. 印度曾经大搞国家计划经济，国家控制范围太广，致使官僚体制固化、腐败猖獗，以至于浪费了数十年的发展机遇。如果印度实行分权制度，就会使更多的中心城市（比如班加罗尔和孟买）实现更大的发展和繁荣……种姓制度素来与英才管理体制格格不入。印度的伟大之处还没有充分体现，它的潜力尚未被充分开发和利用。印度的宪法体制和政治体制存在诸多限制因素，导致印度无法实现高速发展……无论政治领导层希望做什么，必须在中央层面经过一套纷繁复杂的程序，甚至还需要在各邦经历更复杂的审批……印度的发展速度是由其宪法、种族结构、选举模式以及由此产生的联合政府决定的，而这些因素都会加大决策难度。

11. 伊斯兰主义没有什么问题，但当前的伊斯兰极端主义却是个问题。如果没有伊斯兰国家，石油供应就会出现问题，但拥有石油资源的伊斯兰国家容易滋生不稳定因素。伊斯兰主义、石油与大规模杀伤性武器结合在一起，无异于一个重磅炸弹……伊朗如果获得核武器，必将打破地缘政治均势。伊朗核问题有可能导致中东地区爆发冲突，将对市场造成灾难性影响。伊朗的核计划是当前世界最有可能应对不力的挑战。如果伊朗有核弹，那么沙特阿拉伯将从巴基斯坦购买核弹，埃及人将从某个人手里购买核弹，到时中东地区就核武化了。

12. 戈尔巴乔夫在莫斯科对民众说“不要害怕克格勃”时，我倒吸了一口凉气。我说这个人真是个天才……克格勃这个恐怖机器维持着一个乱糟糟的国家，他却坐在这个机器上说“不要害怕”。我想他肯定有一个很好的民主化方案。在我见到他时，发现他被周围的事情弄昏了头脑，他一头扎进了游泳池的深水区，却没有学会游泳。

13. 俄罗斯人口正在减少，具体为什么不清楚，但酗酒肯定对此有影响，消极情绪、生育率下降及预期寿命缩短也有影响。普京面临的挑战是让俄罗斯人对未来充满信心：停止酗酒、努力工作、建立幸福的家庭，并生育更多的子女。

14. 这个世界同时存在着160个国家，关于如何维护和平与稳定并确保国际合作，并没有历史经验可以借鉴。在即时通信和快速交通时代，技术呈现飞速发展的态势，维护世界和平与稳定的问题更加复杂。在一个相互依存、相互联系的世界上，美苏两大集团主导能力的相对衰弱增加了出现多极世界的可能性，由此增加了多边合作的难度。

15. 全球一体化是无可取代的。当海湾地区产油国这样的区域性集团在其他地区开展竞争以获得优势时，伪装成地方主义的保护主义迟早会导致不同国家之间爆发冲突和战争。在全球化面前何去何从？全球主义是唯一一个公平的、可接受的答案，全球主义将有助于维护世界和平。

16. 金砖四国是不同的国家，分散在不同的大陆上，只是碰巧经济增长速度快于它们所在大陆的其他国家，于是就有人说：为什么不把它们拉到一起，使其成为一支全球性力量呢？但中国和印度的梦想是不一样的。

17. 西方人士摒弃了社会的道德基础，认为一个好政府能解决所有问题……在发展中国家，很多事情必须由家庭承担。但在西方，这些原本由家庭承担的事情却由政府大包大揽，“二战”以后更是如此，这样的政府被视为成功的政府……在东方，我们都依靠自己。今天，在西方恰恰相反，政府说：给我选票，我就解决所有问题。

18. 对任何一个社会而言，在1 000个新生儿中肯定有相当比例的婴儿接近于天才，有相当比例的婴儿是普通人，也有相当比例的婴儿有点儿愚笨……正是那些接近天才的人和在普通水平之上的人最终决定了未来的事情……我们想要一个公平的社会，我们想给每一个人提供均等的机会，但在我们的思想深处，我们从来不会自欺欺人地认为存在两个在毅力、动力、敬业程度、内在禀赋等方面一模一样的人。

19. 我不希望以政治家的身份被人铭记。首先，我不会把自己归入政治家的行列。我认为自己是一个意志坚定、始终如一、坚持不懈的人，我脚踏实地地做事。我会坚持不懈，直至成功。没有别的了……任何一个认为自己是政治家的人都需要看心理医生。

第一章

1. Lee Kuan Yew, interview with Graham Allison and Robert D. Blackwill, May 11, 2011.
2. Lee Kuan Yew, "China: An Economic Giant?" speech given at the Fortune Global Forum, Shanghai, September 29, 1999.
3. Lee Kuan Yew, interview with Arnaud de Borchgrave, United Press International, February 8, 2008.
4. Lee Kuan Yew, "China's Growing Might and the Consequences," *Forbes*, March 28, 2011.
5. Lee Kuan Yew, speech given at the U.S.-ASEAN Business Council's 25th Anniversary Gala Dinner, Washington, D.C., October 27, 2009.
6. Lee Kuan Yew, interview with Graham Allison and Robert D. Blackwill, May 11, 2011.
7. Edward Cody, "China Not a U.S. Rival, Beijing Official Says; Opposition Expressed to Power Politics in Asia," *Washington Post*, January 18, 1997.

8. Lee Kuan Yew, "Asia and the World in the 21st Century," speech given at the 21st Century Forum, Beijing, September 4, 1996.
9. Han Fook Kwang, Zuraidah Ibrahim, Chua Mui Hoong, Lydia Lim, Ignatius Low, Rachel Lin, and Robin Chan, *Lee Kuan Yew: Hard Truths to Keep Singapore Going* (Singapore: Straits Times, 2011), p. 331.
10. Lee Kuan Yew, speech given at the U.S.-ASEAN Business Council's 25th Anniversary Gala Dinner.
11. Deputy Secretary Steinberg's May 30, 2009, conversation with Singapore Minister Mentor Lee Kuan Yew, classified cable from Daniel L. Shields, former U.S. deputy chief of mission to the Singapore Embassy, June 4, 2009.
12. Lee Kuan Yew, "It's Stupid to Be Afraid," interview with *Der Spiegel*, August 8, 2005.
13. Lee Kuan Yew, "Contest for Influence in the Asia-Pacific Region," *Forbes*, June 18, 2007.
14. Lee Kuan Yew, interview with Michael Elliott, Zoher Abdoolcarim, and Simon Elegant, *Time*, December 12, 2005.
15. Lee Kuan Yew on Burma's "stupid" generals and the "gambler" Chen Shui-bian, classified cable from Patricia L. Herbold, former U.S. ambassador to Singapore, October 17, 2009.
16. Lee Kuan Yew, interview with Graham Allison and Robert D. Blackwill, December 2, 2011.
17. Erik Eckholm and Joseph Kahn, "Asia Worries about Growth of China's Economic Power," *New York Times*, November 24, 2002.
18. Lee Kuan Yew, interview with Graham Allison and Robert D. Blackwill, May 11, 2011.
19. Ibid.
20. Lee Kuan Yew, interview with Graham Allison and Robert D. Blackwill, December 2, 2011.

21. Lee Kuan Yew, speech given at the Lincoln Award Medal Ceremony, Washington, D.C., October 18, 2011.
22. William Safire, "Danger: Chinese Tinderbox," *New York Times*, February 22, 1999.
23. Fareed Zakaria, "Culture Is Destiny: A Conversation with Lee Kuan Yew," *Foreign Affairs*, Vol. 73, No. 2 (March/April 1994), p. 123.
24. Lee Kuan Yew, interview with Charlie Rose, March 28, 2011.
25. Tom Plate, *Conversations with Lee Kuan Yew: Citizen Singapore: How to Build a Nation* (Singapore: Marshall Cavendish, 2010), p. 113.
26. Ibid., p. 72.
27. Lee Kuan Yew, interview with Charlie Rose, October 22, 2009.
28. Lee Kuan Yew, interview with Leonard M. Apcar, Wayne Arnold, and Seth Mydans, *International Herald Tribune*, August 29, 2007.
29. Lee Kuan Yew, interview with Graham Allison and Robert D. Blackwill, May 11, 2011.
30. Lee Kuan Yew, speech given at the Lincoln Award Medal Ceremony.
31. Lee Kuan Yew, interview with Graham Allison and Robert D. Blackwill, May 11, 2011.
32. Ibid.
33. Kwang et al., *Lee Kuan Yew: Hard Truths to Keep Singapore Going*, pp. 321–322.
34. Ibid., p. 302.
35. Lee Kuan Yew, "China's Rise: A Shift in Global Influence," *Forbes*, December 20, 2010.
36. Question and answer session with Lee Kuan Yew at the International Institute for Strategic Studies, London, September 23, 2008.
37. Lee Kuan Yew, speech given at the Lincoln Award Medal Ceremony.

38. Lee Kuan Yew, speech given at the World Chinese Entrepreneurs Convention, Singapore, August 10, 1991.
39. Lee Kuan Yew, interview with the Public Broadcasting Service, May 5, 2001.
40. Lee Kuan Yew, "News from a Time Capsule," *Economist*, September 11, 1993.
41. Lee Kuan Yew, "The Fundamentals of Singapore's Foreign Policy: Then and Now," S. Rajaratnam Lecture, Singapore, April 9, 2009.
42. "Transcript of Senior Minister's News Conference with the Local Media in Beijing, 12 June 2001," June 15, 2001.
43. Lee Kuan Yew, interview with Tom Plate and Jeffrey Cole, *AsiaMedia*, October 9, 2007.
44. Lee Kuan Yew, "Asia and the World in the 21st Century."
45. Lee Kuan Yew, interview with Graham Allison and Robert D. Blackwill, March 28, 2012.
46. Simon Elegant, "China's Nelson Mandela," *Time*, November 19, 2007.

第二章

1. Lee Kuan Yew, interview with Graham Allison and Robert D. Blackwill, May 11, 2011.
2. Lee Kuan Yew, speech given at the Lincoln Award Medal Ceremony, Washington, D.C., October 18, 2011.
3. Lee Kuan Yew, speech given at the U.S.-ASEAN Business Council's 25th Anniversary Gala Dinner, Washington, D.C., October 27, 2009; and Lee Kuan Yew, "The World after Iraq," speech given at the Thammasat Business School International Forum, Bangkok, December 16, 2003.

4. Lee Kuan Yew, "Challenges of Small City-States in a Globalized World," speech given at the inauguration of the Investment Corporation of Dubai, Dubai, March 1, 2008; and Lee Kuan Yew, "The Fundamentals of Singapore's Foreign Policy: Then and Now," S. Rajaratnam Lecture, Singapore, April 9, 2009.
5. Lee Kuan Yew, "The World after 9/11," speech given at the Munich Economic Summit, Munich, June 7, 2002.
6. Lee Kuan Yew, speech given at the Tanjong Pagar 39th National Day Celebration Dinner, Singapore, August 20, 2004.
7. Lee Kuan Yew, interview with Tom Plate and Jeffrey Cole, *AsiaMedia*, October 9, 2007.
8. Lee Kuan Yew, interview with Michael Elliott, Zoher Abdoolcarim, and Simon Elegant, *Time*, December 12, 2005.
9. Lee Kuan Yew, speech given at the Forbes Global CEO Conference Gala Dinner, Singapore, September 19, 2001.
10. Lee Kuan Yew, "An Entrepreneurial Culture for Singapore," Ho Rih Hwa Leadership in Asia Public Lecture, Singapore, February 5, 2002.
11. Han Fook Kwang, Zuraidah Ibrahim, Chua Mui Hoong, Lydia Lim, Ignatius Low, Rachel Lin, and Robin Chan, *Lee Kuan Yew: Hard Truths to Keep Singapore Going* (Singapore: Straits Times, 2011), pp. 150–151.
12. Lee Kuan Yew, interview with Peter Day, BBC, May 13, 2000.
13. Lee Kuan Yew, "Eastern and Western Cultures and Modernization," speech given at the China Scientists Forum on Humanities, Beijing, April 21, 2004.
14. Patrick Barta and Robert Thomson, "Singapore's 'Mentor' Seeks a Sturdy U.S.," *Wall Street Journal*, April 27, 2011; Kwan Weng Kin, "Only U.S. Can Balance China," *Straits Times*, May 27, 2011; and Yoichi Funabashi, "Maintaining Balance of Power in Asia Requires U.S. Engagement," *Asahi Shimbun*, May 15, 2010.

15. Lee Kuan Yew, "What Has the Future in Store for Your Generation?" speech given at the Nanyang Auditorium, Singapore, February 18, 2003.
16. Lee Kuan Yew, "Changes in the Wind," *Forbes*, October 19, 2009.
17. Lee Kuan Yew, "Peace and Progress in East Asia," speech given at a joint meeting of Congress, Washington, D.C., October 9, 1985.
18. Lee Kuan Yew, *From Third World to First: The Singapore Story, 1965–2000* (New York: HarperCollins, 2000), pp. 498, 500.
19. Chuang Peck Ming, "LKY Cautions against Two-Party Political System," *Business Times*, September 15, 2011.
20. Barta and Thomson, "Singapore's 'Mentor' Seeks a Sturdy U.S."
21. Lee Kuan Yew, interview with Graham Allison and Robert D. Blackwill, December 2, 2011.
22. Lee Kuan Yew, "East Asia in the New Era: The Prospects of Cooperation," speech given at the Harvard Fairbank Center Conference, New York, May 11, 1992.
23. Tom Plate, *Conversations with Lee Kuan Yew: Citizen Singapore: How to Build a Nation* (Singapore: Marshall Cavendish, 2010), p. 91.
24. Lee Kuan Yew, "For Third World Leaders: Hope or Despair?" Collins Family International Fellowship Lecture, Cambridge, Massachusetts, October 17, 2000.
25. Lee Kuan Yew, speech given at the Philippine Business Conference, Manila, November 18, 1992.
26. Ibid.
27. Lee Kuan Yew, interview with Graham Allison and Robert D. Blackwill, December 2, 2011.
28. "The View from Singapore," *Time*, July 25, 1969.
29. Fareed Zakaria, "Culture Is Destiny: A Conversation with Lee Kuan Yew," *Foreign Affairs*, Vol. 73, No. 2 (March/April 1994), pp. 111–114.

30. Nathan Gardels, "City of the Future: What America Can Learn from Post-Liberal Singapore," *Washington Post*, February 11, 1996.

31. Lee Kuan Yew, speech given at the Create 21 Asahi Forum, Tokyo, November 20, 1992.

32. "Li vs. Lee," *Wall Street Journal*, August 24, 2004.

33. Lee Kuan Yew, "Exciting Times Ahead," speech given at the Tanjong Pagar GRC National Day Dinner, Singapore, August 12, 1995.

34. Kwang et al., *Lee Kuan Yew: Hard Truths to Keep Singapore Going*, p. 56; and Lee Kuan Yew, interview with Graham Allison and Robert D. Blackwill, December 2, 2011.

35. Lee Kuan Yew, interview with Tom Plate and Jeffrey Cole.

36. Kwang et al., *Lee Kuan Yew: Hard Truths to Keep Singapore Going*, p. 434.

37. Lee Kuan Yew, letter to Singapore's media, January 18, 2012.

38. Han Fook Kwang, Warren Fernandez, and Sumiko Tan, *Lee Kuan Yew: The Man and His Ideas* (Singapore: Straits Times, 1998), p. 134.

39. Lee Kuan Yew, "How Much Is a Good Minister Worth?" speech given at a debate in the Singaporean parliament on ministerial salaries, Singapore, November 1, 1994.

40. Michael D. Barr, *Lee Kuan Yew: The Beliefs behind the Man* (Washington, D.C.: Georgetown University Press, 2000), p. 212.

41. Lee Kuan Yew, "New Bearings in Our Education System," speech given to principals of schools in Singapore, Singapore, August 29, 1966.

42. Lee Kuan Yew, speech given at a "Dinner for the Establishment," Singapore, September 25, 1984.

43. Faris Mokhtar, "Foreign Talent Allows S'pore to Punch above Its Weight," Yahoo, July 22, 2011.

44. Secretary of Labor Chao meets Singapore Lee Kuan Yew, Singapore Minister

Mentor, August 29, 2008, classified cable from Patricia L. Herbold, former U.S. ambassador to Singapore, September 18, 2008.

45. Lee Kuan Yew, "Will Singapore Be Another Slow-Growing Developed Nation?" speech given at the Nanyang Technological University, Singapore, March 14, 1996.
46. Lee Kuan Yew, speech given at the Singapore American School's 50th Anniversary Celebration, Singapore, April 11, 2006.
47. Question and answer session with Lee Kuan Yew at the APEC CEO Summit, Singapore, November 13, 2009.
48. Lee Kuan Yew, interview with Charlie Rose, October 22, 2009.
49. Lee Kuan Yew, speech given at the U.S.-ASEAN Business Council's 25th Anniversary Gala Dinner.
50. Lee Kuan Yew, interview with Charlie Rose.
51. Christopher S. Bond and Lewis M. Simons, *The Next Front: Southeast Asia and the Road to Global Peace with Islam* (New York: John Wiley and Sons, 2009), p. 223.

第三章

1. Lee Kuan Yew, interview with Graham Allison and Robert D. Blackwill, December 2, 2011.
2. Lee Kuan Yew, interview with Charlie Rose, March 28, 2011.
3. Lee Kuan Yew, speech given at the U.S.-ASEAN Business Council's 25th Anniversary Gala Dinner, Washington, D.C., October 27, 2009.
4. Lee Kuan Yew, speech given at the International Institute for Strategic Studies Conference, Singapore, September 12, 1997.

5. Lee Kuan Yew, "Battle for Preeminence," *Forbes*, October 11, 2010; and Lee Kuan Yew, speech given at the Fortune 500 Forum, Boston, October 23, 1997.
6. Lee Kuan Yew, interview with Graham Allison and Robert D. Blackwill, December 2, 2011.
7. Lee Kuan Yew, speech given at the International Institute for Strategic Studies Conference.
8. Lee Kuan Yew, speech given at the *Asahi Shimbun* Symposium, Tokyo, May 9, 1991.
9. Patrick Barta and Robert Thomson, "Singapore's 'Mentor' Seeks a Sturdy U.S.," *Wall Street Journal*, April 27, 2011.
10. P. Parameswaran, "U.S. Must Engage Asia to Maintain Global Power: Lee," Agence France-Presse, October 27, 2009.
11. Lee Kuan Yew, "East Asia in the New Era: The Prospects of Cooperation," speech given at the Harvard Fairbank Center Conference, New York, May 11, 1992.
12. Lee Kuan Yew, "Japan's Role in the 21st Century," speech given at the Asahi Forum, Tokyo, November 17, 1994.
13. Lee Kuan Yew, "East Asia in the New Era: The Prospects of Cooperation."
14. Lee Kuan Yew, "America and Asia," speech given at the Architect of the New Century Award Ceremony, Washington, D.C., November 11, 1996.
15. Nathan Gardels, "The East Asian Way—with Air Conditioning," *New Perspectives Quarterly*, Vol. 26, No. 4 (Fall 2009), p. 116.
16. Lee Kuan Yew, speech given at the Lincoln Award Medal Ceremony, Washington, D.C., October 18, 2011.
17. Summary of a conversation between Lee Kuan Yew and John Thornton at the FutureChina Global Forum, Singapore, July 11, 2011.

18. Nicholas D. Kristof, "The Rise of China," *Foreign Affairs*, Vol. 72, No. 5 (November/December 1993), p. 74.
19. Lee Kuan Yew, "China's Rise: A Shift in Global Influence," *Forbes*, December 20, 2010.
20. Lee Kuan Yew, interview with Graham Allison and Robert D. Blackwill, December 2, 2011.
21. Lee Kuan Yew, speech given at the Amex Bank Review Awards Global Forum, Singapore, November 15, 1993.
22. Lee Kuan Yew, speech given at the Create 21 Asahi Symposium, Osaka, November 19, 1996.
23. Lee Kuan Yew, "The Rise of East Asia in the World Economy: Geopolitical and Geoeconomic Implications," speech given at the Asia Society Conference, Singapore, May 19, 1994.
24. Lee Kuan Yew, speech given at the Create 21 Asahi Symposium.
25. Lee Kuan Yew, interview with Graham Allison and Robert D. Blackwill, May 11, 2011.
26. Ibid.
27. Lee Kuan Yew, "The Rise of East Asia in the World Economy."
28. Lee Kuan Yew, speech given at the Create 21 Asahi Symposium.
29. Lee Kuan Yew, "America and Asia."
30. Lee Kuan Yew, "The Dawn of the Pacific Century," speech given at the Pacific Rim Forum, San Diego, California, May 13, 1992.
31. Lee Kuan Yew, "The Rise of East Asia: Challenges and Opportunities," speech given at the World Economic Forum Summit, Singapore, September 20, 1995.
32. "U.S. Holds Key to Asian Security—Lee," Reuters, May 16, 1993.
33. Question and answer session with Lee Kuan Yew at the Lee Kuan Yew

School of Public Policy's 5th Anniversary Gala Dinner, Singapore, September 2, 2009.

34. Lee Kuan Yew, "Shanghai's Role in China's Renaissance," speech given at the 2005 Shanghai Forum, Shanghai, May 17, 2005.
35. Lee Kuan Yew, interview with Graham Allison and Robert D. Blackwill, May 11, 2011.

第四章

1. Lee Kuan Yew, *From Third World to First: The Singapore Story, 1965–2000* (New York: HarperCollins, 2000), p. 405.
2. Ibid., p. 412.
3. Lee Kuan Yew, speech given at the launch of Narayana Murthy's *A Better India: A Better World*, Singapore, May 11, 2009.
4. Sunanda K. Datta-Ray, *Looking East to Look West: Lee Kuan Yew's Mission India* (Singapore: ISEAS, 2009), p. 153.
5. Lee Kuan Yew, "Managing Globalization: Lessons from India and China," speech given at the official opening of the Lee Kuan Yew School of Public Policy, Singapore, April 4, 2005.
6. Lee Kuan Yew, speech given at the launch of Narayana Murthy's *A Better India: A Better World.*
7. Lee Kuan Yew, interview with Graham Allison and Robert D. Blackwill, December 2, 2011.
8. Han Fook Kwang, Zuraidah Ibrahim, Chua Mui Hoong, Lydia Lim, Ignatius Low, Rachel Lin, and Robin Chan, *Lee Kuan Yew: Hard Truths to Keep Singapore Going* (Singapore: Straits Times, 2011), p. 50.

9. Tom Plate, *Conversations with Lee Kuan Yew: Citizen Singapore: How to Build a Nation* (Singapore: Marshall Cavendish, 2010), p. 102.
10. Elgin Toh, "Mr. Lee Optimistic over China's Development; He Predicts Next Leader Will Seek to Take Country to Higher Level," *Straits Times*, July 12, 2011.
11. Lee Kuan Yew, "India in an Asian Renaissance," 37th Jawaharlal Nehru Lecture, New Delhi, November 21, 2005.
12. Lee Kuan Yew, "Managing Globalization."
13. Lee Kuan Yew, "India in an Asian Renaissance."
14. Lee Kuan Yew, "Managing Globalization."
15. Rasheeda Bhagat, "Lee's Recipe for India," *Hindu Business Line*, October 14, 2008.
16. Datta-Ray, *Looking East to Look West*, pp. 223–224.
17. Ibid., p. 279.
18. Ravi Velloor, "India's Economy on a Roll, but Mind the Humps," *Straits Times*, November 10, 2007.
19. Lee Kuan Yew, "Managing Globalization."
20. Ravi Velloor, "India Will Play Independent Role: MM Lee," *Straits Times*, November 5, 2007.
21. "India, China Unlikely to Resolve Border Dispute: Lee Kuan Yew," Press Trust of India, December 16, 2009.
22. Lee Kuan Yew, "India in an Asian Renaissance."
23. Ibid.
24. Lee Kuan Yew, "Managing Globalization."
25. "Lee Kuan Yew Suggests Strategy for India to Grow beyond Current Rate of Growth," Xinhua, December 17, 2009.
26. Datta-Ray, *Looking East to Look West*, pp. 298–299.

27. Lee Kuan Yew, "India in an Asian Renaissance."
28. Lee Kuan Yew, interview with the Public Broadcasting Service, May 5, 2001.
29. Lee Kuan Yew, "A Tryst with Destiny," speech given at a joint meeting of the Associated Chambers of Commerce and Industry of India, the Federation of Indian Chambers of Commerce and Industry, and the Federation of Indian Industries, New Delhi, January 5, 1996.
30. Ibid.
31. Kwang et al., *Lee Kuan Yew*, pp. 284–285.
32. Lee Kuan Yew, "Managing Globalization."
33. Kwang et al., *Lee Kuan Yew*, p. 318.
34. Ibid.
35. Lee Kuan Yew, interview with Leonard M. Apcar, Wayne Arnold, and Seth Mydans, *International Herald Tribune*, August 29, 2007.
36. Lee Kuan Yew, "India's Peaceful Rise," *Forbes*, December 24, 2007.
37. P. S. Suryanarayana, "China, India Not Basically Adversaries: Lee Kuan Yew," *Hindu*, July 24, 2011.
38. Lee Kuan Yew, interview with Charlie Rose, March 28, 2011.
39. Question and answer session with Lee Kuan Yew at the International Institute for Strategic Studies, London, September 23, 2008.
40. Lee Kuan Yew, interview with Graham Allison and Robert D. Blackwill.
41. Lee Kuan Yew, "A Tryst with Destiny."
42. Lee Kuan Yew, "India in an Asian Renaissance."
43. Lee Kuan Yew, "Managing Globalization."
44. Lee Kuan Yew, "India in an Asian Renaissance."
45. Datta-Ray, *Looking East to Look West*, p. 7.
46. Kripa Sridharan, "The Evolution and Growth of India-Singapore Relations," in Yong Mun Cheong and V. V. Bhanoji Rao, eds., *Singapore-India Relations: A Primer* (Singapore: Singapore University Press, 1995), p. 23.

47. Datta-Ray, *Looking East to Look West*, p. 81.
48. Plate, *Conversations with Lee Kuan Yew*, pp. 105–106.
49. Lee Kuan Yew, interview with Graham Allison and Robert D. Blackwill.
50. Kwang et al., *Lee Kuan Yew*, p. 315.
51. Lee Kuan Yew, interview with Graham Allison and Robert D. Blackwill.
52. Velloor, "India Will Play Independent Role."

第五章

1. Lee Kuan Yew, "Uncertainties Abound," speech given at the Tanjong Pagar 37th National Day Celebration Dinner, Singapore, August 16, 2002.
2. Han Fook Kwang, Zuraidah Ibrahim, Chua Mui Hoong, Lydia Lim, Ignatius Low, Rachel Lin, and Robin Chan, *Lee Kuan Yew: Hard Truths to Keep Singapore Going* (Singapore: Straits Times, 2011), p. 239.
3. Fareed Zakaria, "We Need to Get the Queen Bees," *Newsweek*, December 1, 2003.
4. Lee Kuan Yew, "Homegrown Islamic Terrorists," *Forbes*, October 17, 2005.
5. Lee Kuan Yew, "Oil and Islamism," *Forbes*, March 13, 2006 (emphasis in original).
6. Senator Baucus's meeting with Lee Kuan Yew, classified cable from Patricia L. Herbold, former U.S. ambassador to Singapore, January 17, 2006.
7. Lee Kuan Yew, "The East Asian Strategic Balance after 9/11," speech given at the 1st International Institute for Strategic Studies Asia Security Conference, Singapore, May 31, 2002.
8. Lee Kuan Yew, "After Iraq," speech given at the 2nd International Institute for Strategic Studies Asia Security Conference, Singapore, May 30, 2003.

9. Lee Kuan Yew, "The East Asian Strategic Balance after 9/11."
10. Lee Kuan Yew, "What Went Wrong?" interview with Michael Vatikiotis, *Far Eastern Economic Review*, December 2002.
11. Lee Kuan Yew, interview with Charlie Rose, September 24, 2004.
12. Christopher S. Bond and Lewis M. Simons, *The Next Front: Southeast Asia and the Road to Global Peace with Islam* (New York: John Wiley and Sons, 2009), p. 223.
13. Tom Plate, *Conversations with Lee Kuan Yew: Citizen Singapore: How to Build a Nation* (Singapore: Marshall Cavendish, 2010), pp. 117–118.
14. Kwang et al., *Lee Kuan Yew*, pp. 228, 230.
15. Lee Kuan Yew, "Oil and Islamism."
16. Lee Kuan Yew, interview with Charlie Rose.
17. Lee Kuan Yew, "Terrorism," *Forbes*, December 26, 2005.
18. Lee Kuan Yew, speech given at the Singaporean parliament on the proposal to develop integrated resorts, Singapore, April 19, 2005.
19. Lee Kuan Yew, interview with Arnaud de Borchgrave, United Press International, February 8, 2008.
20. Lee Kuan Yew, "What Went Wrong?"
21. Lee Kuan Yew, speech given at the Tanjong Pagar 40th National Day Celebration Dinner, Singapore, August 12, 2005.
22. Lee Kuan Yew, interview with Graham Allison and Robert D. Blackwill, December 2, 2011.
23. Plate, *Conversations with Lee Kuan Yew*, p. 120.
24. Lee Kuan Yew, "The Cost of Retreat in Iraq," *Washington Post*, March 8, 2008.
25. Lee Kuan Yew, "The United States, Iraq, and the War on Terror: A Singa-

porean Perspective," *Foreign Affairs*, Vol. 86, No. 1 (January/February 2007), p. 3.

26. Lee Kuan Yew, "Islam and Democracy in Southeast Asia," *Forbes*, July 26, 2004.
27. Zakaria, "We Need to Get the Queen Bees."
28. Lee Kuan Yew, "Can We Ever Understand Muslim Terrorists?" *Forbes*, October 13, 2003.
29. Press statement by Yeong Yoon Ying on behalf of Lee Kuan Yew, September 5, 2011.
30. Lee Kuan Yew, "What Has the Future in Store for Your Generation?" speech given at the Nanyang Auditorium, Singapore, February 18, 2003.
31. Lee Kuan Yew, "The World after Iraq," speech given at the Thammasat Business School International Forum, Bangkok, December 16, 2003.
32. "Lee Kuan Yew Gives Warning to Islamic Moderates," Agence France-Presse, March 28, 2004.
33. Lee Kuan Yew, "The East Asian Strategic Balance after 9/11."
34. Lee Kuan Yew, "Homegrown Islamic Terrorists," *Forbes*, October 17, 2005.
35. Lee, "The United States, Iraq, and the War on Terror," pp. 3–4.
36. Lee Kuan Yew, interview with Michael Elliott, Zoher Abdoolcarim, and Simon Elegant, *Time*, December 12, 2005.
37. Lee Kuan Yew, "The East Asian Strategic Balance after 9/11."
38. "Islamic Terrorism to Remain: Lee Kuan Yew," *People's Daily*, October 14, 2004.
39. Visit by Senator Clinton to Singapore (July 5–7), classified cable from Frank L. Lavin, former U.S. ambassador to Singapore, July 6, 2005.
40. Zakaria, "We Need to Get the Queen Bees."
41. Lee Kuan Yew, interview with Arnaud de Borchgrave.

第六章

1. Han Fook Kwang, Zuraidah Ibrahim, Chua Mui Hoong, Lydia Lim, Ignatius Low, Rachel Lin, and Robin Chan, *Lee Kuan Yew: Hard Truths to Keep Singapore Going* (Singapore: Straits Times, 2011), p. 292.
2. Ibid., pp. 156–157.
3. Fareed Zakaria, "Culture Is Destiny: A Conversation with Lee Kuan Yew," *Foreign Affairs*, Vol. 73, No. 2 (March/April 1994), p. 120 (emphasis in the original).
4. Lee Kuan Yew, "For Third World Leaders: Hope or Despair?" Collins Family International Fellowship Lecture, Cambridge, Massachusetts, October 17, 2000.
5. Lee Kuan Yew, speech given at the National Day rally at the Singapore Conference Hall, Singapore, August 18, 1985.
6. Lee Kuan Yew, "Laissez-Faire Procreation," *Foreign Policy*, August 30, 2005.
7. Lee Kuan Yew, "Global Realignment: An Interpretation of Asia's New Dynamism," speech given at the Global Strategies Conference, Singapore, June 6, 1990.
8. Lee Kuan Yew, "Attributes for Success," speech given at the 1999 Enterprise 50 Gala Dinner and Award Ceremony, Singapore, November 25, 1999.
9. Lee Kuan Yew, "Eastern and Western Cultures and Modernization," speech given at the China Scientists Forum on Humanities, Beijing, April 21, 2004.
10. Lee Kuan Yew, speech given at the Singapore International Chamber of Commerce Celebration Dinner, Singapore, November 15, 2000.
11. Lee Kuan Yew, speech given at the Millennium Law Conference Gala Dinner, Singapore, April 11, 2000.

12. Lee Kuan Yew, speech given at the Singapore TechVenture 2000 Conference, San Francisco, California, March 9, 2000.
13. Lee Kuan Yew, "Asia, America, and Europe in the Next Millennium: Towards Economic Complementarity and Convergence," speech given at the ABN-AMRO Symposium, Amsterdam, June 6, 1997 (emphasis in the original).
14. Lee Kuan Yew, "Uncertainties Abound," speech given at the Tanjong Pagar 37th National Day Celebration Dinner, Singapore, August 16, 2002.
15. Lee Kuan Yew, speech given at the Tanjong Pagar 34th National Day Celebration, Singapore, August 14, 1999.
16. Lee Kuan Yew, May Day message, May 1, 1984.
17. Kwang et al., *Lee Kuan Yew*, pp. 173–174.
18. Lee Kuan Yew, "Managing Globalization: Lessons from China and India," speech given at the official opening of the Lee Kuan Yew School of Public Policy, Singapore, April 4, 2005.
19. Lee Kuan Yew, "Singapore: A 21st-Century Economy," speech given at the Barcelona Chamber of Commerce, Industry, and Shipping, Barcelona, September 14, 2005.
20. Kevin Hamlin, "Remaking Singapore," *Institutional Investor*, May 2002.
21. Lee Kuan Yew, "Productivity: Time for Action," speech given at the inauguration of Productivity Month 1983 at the Singapore Conference Hall, Singapore, November 1, 1983.
22. Zakaria, "Culture Is Destiny," pp. 114–115.
23. Lee Kuan Yew, speech given at the Chinese New Year Reception, Singapore, February 15, 1984.
24. Lee Kuan Yew, "Productivity: Every Individual Makes the Difference," speech given at the inauguration of the 1999 Productivity Campaign, Singapore, April 9, 1999.

25. Lee Kuan Yew, speech given at the launch of the English Language Institute of Singapore, Singapore, September 6, 2011.

第七章

1. Lee Kuan Yew, interview with Graham Allison and Robert D. Blackwill, March 28, 2012.
2. Ibid.
3. Lee Kuan Yew, interview with Charlie Rose, October 22, 2009.
4. Lee Kuan Yew, interview with Graham Allison and Robert D. Blackwill.
5. Ibid.
6. Lee Kuan Yew, speech given at the U.S.-ASEAN Business Council's 25th Anniversary Gala Dinner, Washington, D.C., October 27, 2009.
7. Lee Kuan Yew, "The Fundamentals of Singapore's Foreign Policy: Then and Now," S. Rajaratnam Lecture, Singapore, April 9, 2009.
8. Question and answer session with Lee Kuan Yew at the Lee Kuan Yew School of Public Policy's 5th Anniversary Gala Dinner, Singapore, September 2, 2009.
9. Question and answer session with Lee Kuan Yew at the APEC CEO Summit, Singapore, November 13, 2009.
10. Lee Kuan Yew, "2009 Will Test the Character of Singaporeans," speech given at the Tanjong Pagar Chinese New Year Dinner, Singapore, February 6, 2009.
11. Lee Kuan Yew, "Changes in the Wind," *Forbes*, October 19, 2009.
12. Lee Kuan Yew, "The World Is Truly a Global Village," *Forbes*, March 26, 2012.
13. Lee Kuan Yew, "How Will Singapore Compete in a Global Economy?"

speech given at Nanyang Technological University, Singapore, February 15, 2000.

14. Lee Kuan Yew, "The Role of Singapore in the Asian Boom," speech given at the International Graduate School of Management, Barcelona, September 13, 2005.
15. Lee Kuan Yew, "More Globalized, More Troubled," *Forbes*, October 15, 2007.
16. Lee Kuan Yew, "What Has the Future in Store for Your Generation?" speech given at the Nanyang Auditorium, Singapore, February 18, 2003.
17. Lee Kuan Yew, speech given at the Tanjong Pagar 42nd National Day Celebration Dinner, Singapore, August 17, 2007.
18. Lee Kuan Yew, speech given at the Commemoration Conference of Confucius's 2,550th Birthday and the 2nd Congress of the International Confucius Association, Beijing, October 7, 1999.
19. Lee Kuan Yew, speech given at the 21st Century Forum on "Economic Globalization—China and Asia," Beijing, June 14, 2000.
20. Lee Kuan Yew, speech given at a meeting of the Commonwealth Heads of Government on "World Political Scene: Global Trends and Prospects," Vancouver, October 13, 1987.
21. Lee Kuan Yew, speech given at the Forbes Global CEO Conference Gala Dinner, Singapore, September 19, 2001.
22. Lee Kuan Yew, speech given at the National Trade Union Congress 40th Anniversary Dinner, Singapore, September 6, 2001.
23. Lee Kuan Yew, "How Will Singapore Compete in a Global Economy?"
24. Lee Kuan Yew, speech given at the Japanese Chamber of Commerce and Industry in Singapore's 30th Anniversary Celebration, Singapore, January 28, 2000.

25. Lee Kuan Yew, "To Roll with Change but Not Abandon Values," *Straits Times*, July 22, 2000.
26. Lee Kuan Yew, speech given at the Asian Strategy and Leadership Institute's "World Ethics and Integrity Forum," Kuala Lumpur, April 28, 2005.
27. Lee Kuan Yew, "The Fundamentals of Singapore's Foreign Policy: Then and Now."
28. Lee Kuan Yew, interview with Leonard M. Apcar, Wayne Arnold, and Seth Mydans, *International Herald Tribune*, August 29, 2007.
29. Lee Kuan Yew, "Economic Order or Disorder after the Cold War?" speech given at the Asahi Forum, Tokyo, October 29, 1993.

第八章

1. Lee Kuan Yew, speech given at Tanjong Pagar Community Center's National Day Celebration Dinner, Singapore, August 16, 1984.
2. Radio broadcast of a Lee Kuan Yew speech given on June 5, 1959.
3. Lee Kuan Yew, speech given to Singaporean assemblymen and civil servants, Singapore, November 16, 1959.
4. Lee Kuan Yew, May Day message, May 1, 1962.
5. Radio broadcast of a Lee Kuan Yew speech given on June 2, 1960.
6. Lee Kuan Yew, speech given at the National Recreation Center, Singapore, April 25, 1960.
7. Fareed Zakaria, "Culture Is Destiny: A Conversation with Lee Kuan Yew," *Foreign Affairs*, Vol. 73, No. 2 (March/April 1994), pp. 112–114.
8. Lee Kuan Yew, speech given at Tanjong Pagar's 33rd National Day Celebration, Singapore, August 15, 1998.

9. Tom Plate, *Conversations with Lee Kuan Yew: Citizen Singapore: How to Build a Nation* (Singapore: Marshall Cavendish, 2010), p. 86.
10. Lee Kuan Yew, "Political Leadership in New Societies," speech given at the Singapore Chamber of Commerce, Hong Kong, December 8, 2000.
11. Lee Kuan Yew, speech given at the opening of the second meeting of the Malaysia Solidarity Consultative Committee, Singapore, December 18, 1961.
12. Lee Kuan Yew, speech given at a conference of the People's Action Party, Singapore, November 15, 1982.
13. Lee Kuan Yew, speech given at a "dinner for the Establishment," Singapore, September 25, 1984.
14. Lee Kuan Yew, speech given at the Malaysia Solidarity Day mass rally, Singapore, August 31, 1963.
15. Lee Kuan Yew, speech given at the May Day rally, Singapore, May 1, 1961.
16. Lee Kuan Yew, speech given to the guild of Nanyang University graduates, Singapore, November 6, 1960.
17. Lee Kuan Yew, *From Third World to First: The Singapore Story, 1965–2000* (New York: HarperCollins, 2000), p. 688.
18. Plate, *Conversations with Lee Kuan Yew*, p. 31.
19. Radio broadcast of a press conference with Lee Kuan Yew, November 19, 1961.
20. Lee Kuan Yew, speech given at a luncheon of the Australian parliament, Canberra, October 20, 1976.
21. Question and answer session with Lee Kuan Yew at the Royal Institute for International Affairs, London, May 14, 1962.
22. Han Fook Kwang, Warren Fernandez, and Sumiko Tan, *Lee Kuan Yew: The Man and His Ideas* (Singapore: Straits Times, 1998), p. 127.
23. Ibid., p. 229.

24. Lee Kuan Yew, speech given at the opening of the Civil Service Center, Singapore, August 15, 1959.
25. Lee Kuan Yew, speech given at a seminar on "The Concept of Democracy" at the Political Study Center, Singapore, August 16, 1964.
26. Lee Kuan Yew, speech given at an election rally at City Council, Singapore, December 20, 1957.
27. Lee Kuan Yew, speech given at a rally in Klang, Singapore, April 14, 1964.
28. Lee Kuan Yew, speech given at a dinner of the University of Malaya Student Union, Singapore, November 30, 1961.
29. Lee Kuan Yew, speech given at the swearing-in of the Singaporean Cabinet, Singapore, January 2, 1985.
30. Lee Kuan Yew, speech given on the Preservation of Public Security Ordinance, Singapore, October 8, 1958.
31. Lee Kuan Yew, speech given at a rally in Fullerton Square, Singapore, December 19, 1984.
32. Lee Kuan Yew, speech given at the University of Malaya, Kuala Lumpur, August 28, 1964.
33. Lee Kuan Yew, speech given on the eve of elections in Singapore, April 24, 1964.
34. Zakaria, "Culture Is Destiny," p. 119.
35. Lee Kuan Yew, speech given to Singaporean civil servants at the Political Center, Singapore, June 14, 1962.
36. Lee Kuan Yew, speech given to the University of Singapore Law Society Annual Dinner, Singapore, January 18, 1962.

37. Lee Kuan Yew, speech given on the Preservation of Public Security Ordinance, Singapore, October 8, 1958.
38. Lee Kuan Yew, speech given at the Tanjong Pagar National Day Dinner, Singapore, August 13, 1987.
39. Lee Kuan Yew, speech given at the People's Action Party's 45th Anniversary Celebrations, Singapore, November 21, 1999.
40. Lee, *From Third World to First*, p. 106.
41. Lee Kuan Yew, speech given at Tanjong Pagar National Day Celebration, Singapore, August 15, 2010.

第九章

1. Han Fook Kwang, Warren Fernandez, and Sumiko Tan, *Lee Kuan Yew: The Man and His Ideas* (Singapore: Straits Times, 1998), p. 194.
2. Lee Kuan Yew, New Year's message, January 1, 1958.
3. Sunanda K. Datta-Ray, *Looking East to Look West: Lee Kuan Yew's Mission India* (Singapore: ISEAS, 2009), p. 177.
4. Lee Kuan Yew, interview with Mark Jacobson, July 6, 2009.
5. Lee Kuan Yew, speech given at the Create 21 Asahi Forum, Tokyo, November 20, 1992.
6. Lee Kuan Yew, "Big and Small Fishes in Asian Waters," speech given at a meeting of the University of Singapore Democratic Socialist Club, Singapore, June 15, 1966.
7. Lee Kuan Yew, speech given at the Tanjong Pagar 41st National Day Celebration Dinner, Singapore, August 18, 2006.
8. Kwang et al., *Lee Kuan Yew: The Man and His Ideas*, p. 175.

9. Lee Kuan Yew, speech given at the University of Singapore Business Administration Society's Inaugural Dinner, Singapore, August 27, 1996.
10. Kwang et al., *Lee Kuan Yew: The Man and His Ideas*, p. 159.
11. Lee Kuan Yew, "U.S.: Opportunities in Asia; Challenges in the Middle East," speech given at Southern Methodist University, Dallas, October 19, 2006.
12. Kwang et al., *Lee Kuan Yew: The Man and His Ideas*, p. 130.
13. Tom Plate, *Conversations with Lee Kuan Yew: Citizen Singapore: How to Build a Nation* (Singapore: Marshall Cavendish, 2010), p. 177.
14. Kwang et al., *Lee Kuan Yew: The Man and His Ideas*, pp. 230, 233.
15. Ibid., p. 245.
16. Plate, *Conversations with Lee Kuan Yew*, pp. 49–50.
17. Kwang et al., *Lee Kuan Yew: The Man and His Ideas*, p. 22.
18. Lee Kuan Yew, speech given on the second reading of "The Constitution of the Republic of Singapore (Amendment) Bill" before the Singaporean parliament, Singapore, July 24, 1984.
19. Lee Kuan Yew, speech given at his 60th birthday dinner, Singapore, September 16, 1983.
20. Radio broadcast of a Lee Kuan Yew speech given on September 4, 1962.
21. Lee Kuan Yew, speech given at the Socialist International Congress, Brussels, September 5, 1964.
22. Lee Kuan Yew, speech given at the launching of the S. H. B. Tug "Tegoh" by H. E. the Yang Di-Pertuan Negara, Singapore, February 27, 1960.
23. Plate, *Conversations with Lee Kuan Yew*, pp. 46–47.
24. Kwang et al., *Lee Kuan Yew: The Man and His Ideas*, p. 109.
25. Ibid., p. 151.
26. Lee Kuan Yew, discussion with five foreign correspondents, recorded at Singapore Broadcasting Corporation, Singapore, October 9, 1984.

27. Lee Kuan Yew, interview with Graham Allison and Robert D. Blackwill, December 2, 2011.
28. Lee Kuan Yew, "History Is Not Made the Way It Is Written," speech given at the People's Action Party's 25th Anniversary Rally, Singapore, January 20, 1980.
29. Lee Kuan Yew, speech given at the Ceremony of Admission to the Degree of Doctor of Laws at Melbourne University, Melbourne, April 21, 1994.
30. Lee Kuan Yew, speech given to Singaporean ministers, ministers of state, and senior civil service officers, Singapore, February 27, 1979.
31. Lee Kuan Yew, "'The Returned Student': Platitudes and Controversy," speech given at the Malayan Forum, London, January 28, 1950.
32. Radio broadcast of a Lee Kuan Yew speech given September 15, 1961.
33. Lee Kuan Yew, speech given at the launch of the Devan Nair Research and Training Endowment Fund, Singapore, September 24, 1966.
34. Lee Kuan Yew, speech given to Singaporean civil servants, Singapore, June 14, 1962.
35. Michael D. Barr, *Lee Kuan Yew: The Beliefs behind the Man* (Washington, D.C.: Georgetown University Press, 2000), p. 77.
36. Lee Kuan Yew, speech given at a rally in Klang, Singapore, April 16, 1964.
37. Lee Kuan Yew, speech given at the Imperial College Commemoration Eve Dinner, London, October 22, 2002.
38. Lee Kuan Yew, speech given at a dinner of the Foreign Correspondents Association, Tokyo, March 21, 1967.
39. Lee Kuan Yew, speech given at the annual dinner of the Singapore Employers' Federation, Singapore, May 10, 1968.
40. Speech by Minister Mentor Lee Kuan Yew at the Tanjong Pagar Chinese New Year Dinner, Singapore, February 10, 2006.

41. Lee Kuan Yew, "Asia, America, and Europe in the Next Millennium Towards Economic Complementarity and Convergence," speech given at the ABN-AMRO Symposium, June 6, 1997.
42. Lee Kuan Yew, speech given at the International Institute for Strategic Studies Conference, Singapore, September 12, 1997.
43. Plate, *Conversations with Lee Kuan Yew*, pp. 110–111.
44. Lee Kuan Yew, "Singapore-U.K. Relations: Bringing Forward an Old Friendship," speech given at the British Chamber of Commerce's 50th Anniversary Dinner, Singapore, January 8, 2004.
45. Lee Kuan Yew, "An Entrepreneurial Culture for Singapore," Ho Rih Hwa Leadership in Asia Public Lecture, Singapore, February 5, 2002.
46. Lee Kuan Yew, "For Third World Leaders: Hope or Despair?" Collins Family International Fellowship Lecture, Cambridge, Massachusetts, October 17, 2000.
47. Summary of a conversation between Lee Kuan Yew and John Thornton at the FutureChina Global Forum, Singapore, July 11, 2011.
48. Harvard University Leadership Roundtable with Lee Kuan Yew, "Personal Reflections on Leadership," Cambridge, Massachusetts, October 18, 2000.
49. Kwang et al., *Lee Kuan Yew: The Man and His Ideas*, p. 103.
50. Lee Kuan Yew, speech given at a meeting of the Consultation Youth and Leadership Training, Singapore, April 10, 1967.
51. Lee Kuan Yew, interview with Graham Allison and Robert D. Blackwill, March 28, 2012.
52. Han Fook Kwang, Zuraidah Ibrahim, Chua Mui Hoong, Lydia Lim, Ignatius Low, Rachel Lin, and Robin Chan, *Lee Kuan Yew: Hard Truths to Keep Singapore Going* (Singapore: Straits Times, 2011), pp. 389–390.
53. Lee Kuan Yew, eulogy at the state funeral service for Goh Keng Swee, Singapore, May 23, 2010.

54. Kwang et al., *Lee Kuan Yew: Hard Truths to Keep Singapore Going*, p. 390.
55. Lee Kuan Yew, interview with Mark Jacobson, July 6, 2009.
56. Seth Mydans, "Days of Reflection for the Man Who Defined Singapore," *New York Times*, September 11, 2010.